光尘
LUXOPUS

黄金圈

START WITH WHY

法则

Simon Sinek
[美] 西蒙·斯涅克 _ 著 石若琳 _ 译

九州出版社
JIUZHOUPRESS

从“为什么”开始

那些伟大的领导者，是如何激励大家一起努力的

西蒙·斯涅克（Simon Sinek）

献给维多利亚

是她有了这些好点子

并把想法付诸实践

有的人是管理者，有的人是领导者。
管理者固然高高在上，呼风唤雨，
但是领导者才能激励大家一起努力。
不管领导着你的是个人还是团队，
都是你心悦诚服、心甘情愿做出的决定。
选择追随，不是为了别人，而是为了我们自己。
如果你也想激励身边的人，
或者想找到可以引领你向前的那个人，
那么这本书是你的不二之选。

目录

前言

从“为什么”开始

那些总能鼓舞人心的领导者，在思维方式、行为举止和沟通交流方面，都有着固定的模式。书中要讲的正是这些领导者不经意间流露出来的特质。对于那些天生的领导者，这些特质可能是与生俱来的。好在通过后天的努力，不管是个人还是组织机构，都可以提高号召力，扩大在团体内部和外部的影响力，用自己的想法和远见卓识影响更多的人。换句话说，领导力是可以通过学习得以提高的。

这本书的重点不是化腐朽为神奇，教你如何力挽狂澜，我更希望你通过阅读，能把自己的注意力放在身边那些值得利用的资源上，人尽其才、物尽其用。那些解决方案的提出，自然各有各的道理。我们从事实出发得出的结论，通常来讲都是经得起推敲的。但是，如果从一开始我们的出发点就错了，哪怕解决了所谓的问题，早晚还是要出错。就像真理一样，只会迟到，从来不会缺席。

下面我们一起来看几个小故事，故事中的主人公都有领导者的特质。不管是个人还是团体，他们都是先追本溯源，从“为什么”开始的。

1

公众热情高涨、专家摩拳擦掌、资金充足到位，但是目标却不够明确。

19 世纪 90 年代，塞缪尔·皮尔庞特·兰利（Samuel Pierpont Langley）[1] 在美国各界的支持下，试图建造一架有人驾驶的飞机。当时的兰利春风得意，不仅在史密森学会（Smithsonian Institution）[2] 任秘书长一职，还是美国海军学院的数学教授。他的人脉遍布美国政商两界，安德鲁·卡耐基（Andrew Carnegie）[3] 和亚历山大·格拉汉姆·贝尔（Alexander Graham Bell）[4] 都是他的朋友，可以说其交际圈里的人非富即贵。同时，兰利获得了美国陆军部 5 万美元的支持，这在当时来说可是一大笔资金。他的团队成员是当时这一领域的顶尖人才，把最强的大脑聚集到了一起，可以说是名副其实的"梦之队"。先进的设备和强大的团队让兰利的项目从一开始就备受媒体的追捧。全美上下都时刻关注着兰利和他的团队，等待分享他们成功的喜悦。在大众看来，这样的团队和配置，已经为飞行成功上了

---

1. 美国天文学家、物理学家，航空先驱。

2. 唯一由美国政府资助、半官方性质的第三部门博物馆机构。

3. 卡耐基钢铁公司的创始人。

4. 美国发明家、科学家和工程师，以 1876 年发明了第一部实用电话、1877 年创立贝尔电话公司以及 1886 年改进托马斯·爱迪生的留声机而闻名。

双保险。

但现实却让人大跌眼镜。

距兰利几百英里之外，威尔伯·莱特（Wilbur Wright）和其弟弟奥维尔·莱特（Orville Wright）也在家乡——俄亥俄州的代顿市搭建他们的飞行之梦。两个人对于冲上云霄饱含热情，他们的付出让当地很多人都加入了进来，和兄弟俩一起筑梦。这个团队没有联邦政府的拨款，没有任何高层的关系，所有的成员都没有接受过大学教育，包括莱特兄弟在内。但就是这样的一帮人，居然在破旧的自行车店里，把梦想变成了现实。1903 年 12 月 17 日，为数不多的几个人见证了人类历史上的第一次飞行。

为什么莱特兄弟成功了，而有着先进设备、充足资金和高端团队的兰利却失败了呢？

莱特兄弟的成功不仅仅是幸运那么简单。兰利和他们一样，一心扑到了飞机的建造上，他们都有着坚定的信仰、操守以及敏锐的科学头脑，向着同一个目标努力。但不一样的是，莱特兄弟能够感染身边的人，激发大家的潜能，带动整个团队一起创新创造、改变世界。因为莱特兄弟做到了从“为什么”开始。

2

1965 年，加利福尼亚大学伯克利分校的学生们烧毁了征兵卡，作为反对美国越战的第一批人。加利福尼亚北部地区长久以来一直充斥着对联邦政府的反抗情绪，全世界都知道伯克利和奥克兰的冲突和暴乱，这里反抗运动的连锁效应不仅在美国，连欧洲都深受影响。但是直到 1976 年，也就是美军从越南撤军 3 年之后，一场真正的变革才开始上演。

这次的变革目标明确，就是要彻底改变人们对这个世界的认知。这一次，年轻的反抗者换了一种方式，他们没有武力暴动，更没有向政府人员扔石头。他们在自己的领域里，用行动挑战根深蒂固的系统和制度。对于苹果公司的联合创始人史蒂夫·沃兹尼亚克（Steve Wozniak）和史蒂夫·乔布斯（Steve Jobs）来说，他们把战场带到商界，用私人电脑做武器，表达着自己的态度。

沃兹尼亚克研发的第一代麦金塔电脑，揭开了私人电脑变革的序幕。这时候的电脑刚开始进入大众视野，人们都觉得它不好操作且价格昂贵，只适用于商业领域。沃兹尼亚克一心研究私人电脑，不是为了个人利益，而是带着更崇高的目标，希望以此推动科技的发展和社会的进步。在他看来，电脑能够提高效率，让人更强大，甚至和整个公司匹敌。如果每个人都有一台私人电脑，那么大家就可以掌握更多的资源，整个世界也会因此改变。继第一代麦金塔电脑问世之后，沃兹尼亚克又进一步改良技术，第二代麦金塔电脑不仅容易操作，而且价格更便宜了。

哪怕你的想法别出心裁、产品无与伦比，没有人捧场的话就等于在做无用功。沃兹尼亚克当时最好的朋友史蒂夫·乔布斯深知这一点，这时候的他刚 21 岁，成功售出了很多电子产品零件，已经展现出了销售的才能，但是乔布斯并不打算止步于此，他还想做更多的事情，希望凭借自己的力量让世界变得更好。于是，他们成立了苹果公司，开启了新的技术革命。

公司成立的第一年里，他们只销售一种产品——麦金塔电脑，但是却带来了超过 100 万美元的收益。第二年的销售额翻了 10 倍，高达 1000 万美元。到了第四年，苹果公司卖出了总价值 1 亿美元的电脑。在短短 6 年的时间里，苹果迅速发展壮大，成了市值 10 亿美元、坐拥 3000 多名员工的大公司。

说起来，当时投资私人电脑的人很多，不仅仅是乔布斯和沃兹尼亚克，而且这些人都很聪明。相比之下，乔布斯他们对私人电脑的认知和想法并没有多么独到，对于营销懂得也是少之又少，但是苹果公司却能独占鳌头、大放异彩，在相对较短的时间内就发展壮大起来，就是因为在行业中其他人选择放弃的时候，他们从来没有停下尝试的脚步，而是勇敢地挑战传统思想，去改变、去革新，从电脑到电子产品，从音乐到手机，乃至整个娱乐业，都随之向前发展。之所以会这样，其实原因也很简单——苹果能够激励所有人，激励各行各业。苹果做到了从“为什么”开始。

3

他并不是圣人，也有着自己的缺点和解不开的心结。黑人民权运动之前，深受压迫的无数非裔美国人中不乏能言善辩的人才，但是马丁·路德·金却有着他独特的魅力，仿佛天生就知道要怎么激励别人。

马丁·路德·金博士深知，如果想要黑人民权运动带来真正且长久的改变，让黑人在美国的地位有所提高，就需要更多的人加入进来。声调再高、讲得再好也无济于事，他和那些盟友的数量远远不够。只有成千上万的市民联合起来，朝着共同的目标努力，才能改变现状，实现真正的平等。终于，1963 年 8 月 28 日上午 11 点，马丁·路德·金在华盛顿发表纪念性演讲，带领黑人改弦更张。

没有请柬，更没有互联网技术的支撑，民权运动的组织者们却成功地将千千万万名市民召集到一起。越来越多的人加入了进来。据说当时 25 万人涌入美国首都华盛顿，马丁·路德·金作为此次运动的发起者和领导者，他的演讲《我有一个梦想》号召了无数人行动起来。这次的活动也被载入了美国史册，成为美国民权运动史上浓墨重彩的一笔。

能够把美国上下不同种族、肤色的人联合起来，让他们在同一时间、同一地点，为了同一个目标聚集到一起并不容易，普通人很难做到。当时不公的社会现状亟须改变，很多人都明白民权运动迫在眉睫，但是只有马丁·路德·金成功感染了全国上下的民众。大家众志成城，不是为了少数人的利益，而是想要让自己的国家变得更好。马丁·路德·金做到了从“为什么”开始。

有的人是管理者，有的人是领导者。苹果电脑在一众电脑公司中业绩并不出众，仅占美国市场配额的6%、全球的3%，但是却引领了整个电脑业的发展和革新；马丁·路德·金的出身和经历并没有什么特别，却带动整个国家朝着平等迈进；莱特兄弟并没有参加过专业的飞行训练，却将人类的航空事业带入了新的纪元，也给我们的生活带来了翻天覆地的变化。

他们的目标和很多人一样，他们的方法和行为也很容易模仿。但是莱特兄弟、苹果电脑和马丁·路德·金却如此出众，让其他竞争者都黯然失色。敢为人先、勇于创新，他们带来的影响是任何人都无法复制的。管理者有很多，却很少有人能够成为真正的领导者。他们就是这少数人中的一员，是如此地特别，能够激励我们一起行动起来。

在特定情况下，我们总需要鼓动其他人，让大家参与进来一起行动。个人是这样，组织机构亦是如此。有的人想鼓动消费者的购买欲，有的人想拉动选民的支持率，还有人可能兢兢业业，就是为了带领大家努力、进步，或者单纯号召所有人遵循规章制度。说起来，鼓动人心并非有多难，要是有外部条件的加持，更能事半功倍。只要有“赏”有“罚”，总能让一部分人乖乖听话。但是，这并不是激励。打个比方，美国通用成功游说了很多人，所以在过去的70年里，通用汽车的销量一直稳居第一。它虽然是汽车行业的领头羊，却不能算是真正的领导者。

真正的领导者可以激励人们，感召人们一起行动起来。领导者能帮助我们找到前进的动力和内心的归属感，这和任何外部的刺激或利益都不挂钩。真正的领导者总有人追随，不是因为他们受到鼓动，而是内心深受感染和激励，心甘情愿一起砥砺向前。他们愿意付出，愿意吃苦，愿意为之尝遍艰辛。真正的领导者凭借激励的力量，总会得到他人的拥护——支持者、选民、顾客，甚至工人都愿意加入进来——而且所有人都是为了共同的目标一起努力，没有一丝不甘或怨言。

尽管真正有感召力的个体少之又少，但是他们总是以不同的形式、不同的规模存在于我们的生活中。可能是个人，也可能是团体；可能在公共领域，也可能在私人领域。可以说，他们存在于各行各业之中——在市场销售或者其他商业领域，都能找到他们的身影。他们在自己的行业中都有着一定的影响力，而且，他们的身边总围绕着一批忠实的客户或者员工，较同行业的其他公司在业绩方面也总能独占鳌头。他们追求革新，在发展的道路上始终是引领者的位置。其中，有的改变了整个行业的发展形势，还有的甚至改变了世界。

莱特兄弟、苹果公司，还有马丁·路德·金都是这样，用他们的感召力影响着周围，给社会带来进步与革新。这样的团体和个人还有很多，比如哈雷戴维森（Harley Davidson）[1]、迪士尼（Disney）、

1. 摩托车品牌。

美国西南航空（Southwest Airlines），以及约翰·肯尼迪（John F. Kennedy）[1] 和罗纳德·威尔逊·里根（Ronald Wilson Reagan）[2]。虽然他们发光的领域不同，但有着惊人的相似之处。没错，不管一家公司规模是大是小，从事什么领域的工作，他们的领导者都有着相似的思维方式、行事风格和沟通技巧。而且，他们的所想、所做、所说和大多数人都背道而驰。

如果我们能跟着他们学习，让自己掌握他们的思维方式、行事风格和沟通技巧，是不是也能拥有同样的感召力呢？在我看来，这种能力不应该只属于那些天之骄子，我们普通人通过练习也可以做到。有研究表明，超过 80% 的美国人做着自己并不喜欢的工作。试想一下，如果大家就职的公司或者组织都能学会感召自己的员工，就能成功逆转这个数值，让 80% 的美国民众爱上他们的工作。能够从事自己理想的工作，员工的工作效率会更高，也会有更多新的想法。他们每天元气满满，对家人、朋友、同事、客户甚至顾客都会更加有耐心，处处都将是一派祥和。这样的员工能够铸就公司的辉煌，创造更好的业绩。这也是我写这本书的初衷，我希望大家都能在自己从事的工作中找到激情、找到目标，为公司的发展努力，为经济的发展分忧。更重要的是，让信任和忠诚的种子种到

1. 第 35 任美国总统。

2. 第 40 任美国总统。

每个人的心里。书中不会干涉你要做什么，更不会说教你要怎么去做，读完这本书，也许你找不到一条行动指南，但是希望你能得到让自己行动的动力。

如果你也敢于创新、渴望成功，如果你也相信我们个人的成功离不开其他人的扶持，那么就和我一起踏上这条征程吧。让我们从问“为什么”开始，虽然艰难，但相信坚持的你，一定会有收获。

1

一个不会先问“为什么”的世界

第一章
致命的假设

1月的晚上，寒风刺骨。一个43岁的男人庄严宣誓，要承担起领导国家的责任。站在他身边的，是前任国家领导人，也是著名的将军。15年前，这个将军让全国的军队卷入战争之中，最后以德国的失败告终。这位年轻的领导者从小信仰罗马天主教。接下来的5个小时他全程参与了庆贺他当选领导人的游行活动，一直到凌晨3点。

你觉得自己知道我说的是谁，对吗？

这是1933年1月30日，我说的是阿道夫·希特勒（Adolf Hitler）[1]。但是很多人看到这里，可能会以为故事中的主角是约翰·肯尼迪。

我想说的是，人们总是自以为是做出各种猜想，而且很多时候，基于不完整甚至有错误的信息就开始主观臆断。就拿刚才的例子来说，并没有把具体时间交代清楚，所以你会以为我说的是约

---

1. 纳粹德国元首、总理，纳粹党党魁，第二次世界大战的发动者。

翰·肯尼迪。

这些猜想对我们的影响非常大，左右着我们的行为，因为人总是习惯主观臆断就信以为真。觉得自己了解得挺多，然后妄下结论，是大多数人都会犯的错误。就像以前，人们都觉得地球是方形的。这种认知也影响了人们的行为活动。在那段时间里，很少有人去探索世界，因为害怕走到大地的边缘会掉下去。大多数人都选择维持现状，直到我们掌握了更多的细节——地球是圆的——突然间，一切如斗转星移一般，人们开拓了新的贸易路线，来售卖香料；新的思想相互碰撞，各个国家之间的交流，比如数学方面，带动了社会的进步和发展；拨乱反正，摒弃错误的想象，整个人类都向前迈出了一大步。

我们再来探讨一下公司机构都是如何组织构建，同时进行决策的。你真的知道为什么有的公司蒸蒸日上，而有的却落得一败涂地吗？还是这一切都是你的猜想？我们可能对于成功有着不同的定义——股价上涨、赚得盆满钵满、达到业绩目标、获得心仪的职位、成功创业、救济生活困苦的人、顺利参政——却都以相同的方式，朝着自己的梦想前进。有的人不管不顾直接就奔着目标去了，但是大多数人都会先积累信息，以便在关键时刻厚积薄发。有的时候，我们的信息渠道合情合规——开展问卷调查和市场研究。更多时候，我们的信息来源就没这么正式了，可能问问同事或者朋友，参考一下大家的建议，或者干脆根据经验做出判断。不管你的目标是什么，过程是怎样的，所有人在做决策时都很审慎，或者说，每个人都希望能做出正确的决定。

可惜事与愿违，不管你提前做了多少功课，还是不能保证所有的决定都是正确的。有的时候，做了一个错误的选择似乎也没什么太大关系，但是有的时候，这个决定却能带来严重的后果。不管最后是好是坏，我们总是根据自己的认知断章取义，而你的认知，很可能完全不对。就像一开始的故事，很多人都以为我说的肯定是约翰·肯尼迪。你如此确定，甚至愿意为此下赌注——一切不过是基于自己的猜想。这种盲目的自信，可以一直延续下去，直到我透露出更多细节。

需要注意的是，那些错误的猜想并不会总让你做出错误的决定，有的时候，我们也能歪打正着。但是，哪怕选择对了，你真的知道这一切是怎么回事吗？能够拥有自己想要的也只不过是一时侥幸，到头来还是会摔跟头。我有一个炒股票的朋友，每次赚了，他都觉得是自己眼光独到，选择了那些绩优股，但是一旦股价下跌，就抱怨市场不景气。按照他自己的说法，赚了是因为自己有先见之明，赔了是一时大意被蒙蔽了，要不就是完全看运气。总之只有这几种可能。

那么，我们到底要怎么做才能让自己的决定带来满意的结果，同时又牢牢把握住事态的发展呢？要想做到这一点，关键是掌握更多的信息和数据。我们每天不都在为此努力吗？读书、参加研讨会、听播客学习，或者和朋友、同事交谈——你在做这些的时候都带着一个目的，那就是让自己了解更多，好搞清楚接下来要做什么、怎么做。但是问题又来了，你肯定也有过类似的经历，就是明明自己掌握了所有需要的数据，也听取了大家的建议，但是世态的发展却不那么尽如人意。可能是你苦心经营的效果难以维持，也可能是有什么突发状况。如果你在这一章的开始就觉得我讲的是希特勒，那么我想告诉你：在信息不完整的情况下，这些内容既是在描述希特勒，也符合约翰·肯尼迪。换句话说，单看一开始的内容，说是他俩中的谁都可以。所以，千万不要妄下定论。哪怕你的研究多么可靠、猜想多么合理，这也仅仅是猜想，很有可能让你误入歧途。

这个道理我们都明白，如果你的信息云屯雾集，还有智囊团出谋划策，却还是没有达到预想的结果，那肯定是自己遗漏了什么。哪怕是多么微小的细节，也事关大局。遇到这种情况，我们都会重新审视已有的信息，同时寻找新的线索，重复着之前的做法，搞明白下一步要怎么做才好。但是实际上，更多的数据并不一定能让成功的砝码变大。如果你的猜想有问题，所有功夫都是白费。要知道，哪怕你想得多么合理、分析多么缜密、数据多么完备，也不能忽视其他的客观因素。

还有的时候，我们似乎对一切一无所知，也不愿意听别人说什么，就靠一股冲劲努力干，最后居然结果还不错，甚至大大超出自己的预期。可以说，你的生活、工作都是在大胆蛮干和理智决策之间徘徊。不管我们多么小心翼翼、来回抉择，也不管有多少好的建议和强有力的事实，到最后还是会回到起点的那个问题：到底什么样的行为，或者说怎样的决定，才能持续带来令人满意的结果？或者说我们怎么做，才能有足够的先见之明？

有这么一个有趣的故事。一组美国的汽车专家去日本参观工厂生产流水线。和美国一样，这里也是在流水线上给车门安装铰链，但不同的是，在美国这个步骤还需要有一名专门的工人，在旁边拿着橡胶锤挨个儿敲击门的边缘，好让铰链严丝合缝地安上去。很明显，日本的汽车生产并没有这个步骤。这一行专家不禁向日本同行指出了这个问题："究竟是通过哪一个步骤把铰链安装好了呢？"令人想不到的是，日方代表只是腼腆一笑，告诉他们："我们在汽车设计的过程中解决了车门和铰链的问题。"在日本的汽车生产车间，他们不用反复研究问题、积累数据，找到解决方案——工程师从一开始就杜绝了类似情况的发生。他们深知，如果产品不理想，肯定是从一开始生产就选错了方案。

到最后，不管是美国还是日本，都通过流水线制造出了契合度完美的汽车门，只不过日本不用单独雇用一名工人去敲击车门，买锤子的钱也省了。当然，产地不同的两种车门还有一个很大的区别，就是日本的车门更耐用，在事故中也不容易变形。之所以会这样，归根结底只不过是日本从一开始就确保了零件的安装契合度。

很多个人和公司都像故事中的美国汽车制造商一样，需要"橡胶锤"帮忙。一旦结果不理想，就会想一些小技巧来解决眼前的问题，这些方法短时间内还算行得通，也会帮助他们达到目标。但是，这样真的能杜绝问题的发生吗？全世界的公司数不胜数，其中绝大多数都带着自己的小锤子，一下一下想要敲击出更好的业绩。而那些收益更多、影响力更大的公司，可能并没有雇用那么多员工，手头可利用的资源也有限，但都在公司成立的最初，在每一次员工招募和每一个产品设计的伊始，就开始着力于让这一切能按照计划有序进行。在我们看来最后的结果似乎都一样，但是那些卓越的领导者却在一开始，就创造出了不一样的价值。

我们的每一个指令、每一步行动，以及每一个目标，都是从一点开始——你的决定。就像有的人想通过改动车门把铰链安装好，而有的人却从一开始就做得不一样。短期来看，收获似乎不分伯仲，但正是那些无形之中的差异，使得少部分人脱颖而出，成为未来的佼佼者。他们深知想要更好的车门，不能等到出了问题再去修复，必须从设计图纸就开始下功夫。

第二章
操纵与激励

操控和激励

经济飞速发展、科技日新月异，现在的消费者花同样的价格，可以在不同的商家那里买来差不多质量、特征和服务的商品。哪怕你的产品有一定的优势，没几个月也会淹没在同类竞争者之中。再新奇的东西，一旦问世就会有人竞相模仿，甚至有的时候还会制造出更好的产品。

但是如果你去问一些商家，为什么消费者愿意买他们的产品，他们总会说是因为自己的产品质量出众、功能完备、价格优惠或者服务到位。换句话说，大部分商家自己都不知道，为什么消费者就是认准了这个牌子。这么想来其实很有意思，这些公司如果连这个问题都搞不明白，更不可能知道为什么员工会选择在这里就职了。

如果大多数公司都不知道消费者和员工为什么选择自己，那么他们怎么才能想办法吸引更多员工、提升消费者对品牌的认可度和忠诚度呢？实际上，当今很多公司都是基于有限的信息，或者错误的猜想，来进行运营决策的。

要想影响人们的行为，不外乎两种方案：操控和激励。这里说的操控不包含任何的贬义，因为“操控”算是一项入门级的技巧，十分常见。实际上，我们小的时候就已经用过这个法子了。“我会成为你最好的朋友”，这句话经久不衰，一代又一代的人都会在孩提时代用它去哄骗身边的孩子，好换取自己想要的东西。许多小孩听了这句话都会乖乖交上手中的糖果，满心期盼交到一个新的好朋友。

不管是在商界还是在政坛，销售和买卖的过程中，操控无处不在。操控不外乎以下几种方式：降价；促销；利用人们的恐惧、竞争心理或者灌输毒鸡汤；承诺带来革新、带来改变——通过购买、投票或者支持。如果一家公司自己都搞不明白消费者为什么会选择它，就更容易依靠操控的手段，获得即时的利益。通常情况下，操控的效果似乎还不错。

降价

如果不是迫不得已，一般的公司都不愿意用这一招。但打价格战确实非常有效，正因如此，大多数人都禁不住诱惑要试上一试。可以说，几乎所有行业领域的公司，都曾为了谈成生意降低价格。不管他们怎么游说客户、怎么劝解自己，降价就是在故意操控。只要价格够低，总有人愿意买。每个季末的成交量已经足以说明一切。只要降价够狠，货架自然会被一扫而空，为新一季的商品腾出地方。

降价虽然有优势，但也会带来很多问题，让公司陷入进退两难的境地。因为作为销售方，靠降价卖货就像吸食毒品一样，它确实能带来不错的短期收益，但是越降价，越依赖这种营销方式。渐渐地，消费者也习惯了用低廉的价格购买这种产品和服务，难以接受商品原价，觉得这样就亏了。那么销售方没有办法，只能硬着头皮一次又一次地降价，好在竞争中站稳脚跟。每一次价格的下调，他们的收益都会跟着减少。单件产品的收益少了，就必须增大销售量来弥补。要想卖得快，就得继续降价，这样就进入了一种恶性循环，让他们在降价的坑里越陷越深。依赖降价出售的产品，叫作“无差别商品”。价格战创造出来的无差别商品数不胜数，保险、家用电脑、手机服务，以及各式各样的包装商品。可以说，所有公司在把自己的产品变成无差别商品的同时，都为日后的发展埋下了祸根。更何况，恶意降价是违法的，只不过他们也是迫不得已，想要保持盈利确实不容易。

但是其中总有例外，比如沃尔玛（Wal-Mart），它可以说在价格战方面做得风生水起。沃尔玛通过规模优势，成功规避了降价带来的诸多问题，但是一门心思扑在价格战上，也让沃尔玛深陷丑闻，公司声誉也深受影响。几乎每个和沃尔玛相关的丑闻，都是在说它为了低价出售而无底线地压低成本。

降价总是要付出代价的。所以不妨扪心自问，为了盈利你愿意付出多少呢？

促销

通用汽车（General Motors）目标宏大，要成为美国汽车制造业中的老大。在20世纪50年代，美国只有四家汽车制造商：通用汽车、福特（Ford）、克莱斯勒（Chrysler）和美国汽车公司（American Motors Corporation）。在国外汽车品牌进入美国市场之前，通用汽车的市场占有率一直处于领先地位。可想而知，新的竞争对手肯定会让通用汽车在达到目标的路上困难重重。更不用说在50年的时间里，汽车市场会发生多少翻天覆地的变化。值得一提的是，回顾20世纪，绝大多数时间里都是通用汽车稳坐美国汽车制造业的第一把交椅。

不过从1990年开始，丰田车（Toyota）的市场份额开始翻倍。到2007年，丰田的市场占有率已经从最初的7.8%攀升到了16.3%。也是从1990年到2007年，通用汽车的市场占有率从35%跌至23.8%。到了2008年，令人大跌眼镜的事情发生了：美国消费者更愿意购买外国品牌的汽车。

从1990年开始，为了和日本汽车竞争，包括通用汽车在内的美国本土品牌就想方设法刺激销售，好把持住自己日益缩减的市场份额。通用汽车就曾大做广告，只要购买其品牌的轿车或者卡车，就可以享受500美元到700美元不等的现金补贴。很长一段时间里，这种营销方式确实效果很好，通用汽车的销售额稳步上涨。

但是长此以往，促销在刺激消费的同时，也让通用汽车的利润骤减，财务亏损的黑洞越来越大。到了2007年，通用每出售一辆汽车，都会赔 729 美元，这和他们的促销策略脱不了干系。意识到这种方法不能长久，通用又调整策略，对外宣布停止购车补贴，但这也让他们的汽车销量跌到了谷底。没有补贴，根本没有人买车。通用汽车通过购车补贴，仿佛让消费者上了瘾，全价购买对他们来说是不可能的事。

“买一赠一”“赠送礼品”，这些促销手段都是在操控。很多时候，我们被商家操控了自己却没有意识。打个比方，假设你要去买数码相机，一定要注意自己是如何选择心仪相机的。你会很快就找到三个商品符合你的要求——它们在大小、像素、价格和品牌方面也不相上下，但是可能其中一款相机有赠品，比如说赠送相机包或者内存卡。鉴于这三款相机在功能和价格等方面都不分伯仲，这一点儿赠品反而成了让天平倾斜的重要砝码。在商业市场中，促销被称为“附加价值”。不管是哪种说法，促销的原理都很简单——付出一点儿免费的东西，以此降低风险，增加成交的概率。和降价一样，促销往往也能立竿见影。

操控在零售业如此常见，甚至还有了专门的术语——顾客奖励流失，用来形容那些没能使用促销优惠，反而全价购买商品的顾客所占的数量。之所以会出现这种情况，主要是因为商家刻意把促销弄得既烦琐又复杂，导致有的买家没能按照相关步骤索要回扣。最后，买家因为操作错误或者遗漏了某些步骤，没能领到返款。顾客奖励流失高了，商家自然能从中受益。

很多返款都需要买家复印商品发票、留存包装条码、填写商品的返款单据，既要回答商品细节等令人头疼的问题，还要把具体的购买方式写出来。要是不小心剪错了包装条码，或者遗漏一条信息，都会让返款时间延长，有的时候是几周、几个月，有的时候干脆就无效了。在返利市场中，对于没能成功申请返利，以及没有兑现返利支票的买家数量也有一种专门的称呼——返利流失。

不管是返利还是其他的操控方式，在商业市场中的短期效果都很明显：能吸引更多的消费者。而且，很多人选择全款购买并不是因为自己需要，仅仅是为了得到返利。可惜事与愿违，大概 40% 的消费者最后都还是没能享受优惠。消费者的疏忽大意，却成就了零售商的即时利益。

针对这一现象，有关监管部门已经介入零售行业，规范市场行为，可惜收效甚微。延迟折扣还是那么多的条条框框，让卖家从中钻空子。这么看来，操控确实不错，但是这么做的代价是什么呢？

恐惧

假设有人打算抢劫银行却没有手枪，把香蕉放在口袋里假装是一把枪。在这种情况下，很明显他不会给任何人带来人身伤害，但他也还是犯了抢劫罪，因为他通过自己的行为让别人误以为自己持枪抢劫。而劫匪自己也心知肚明，他故意让人们害怕，好满足他提出的要求。由此可见，不管恐惧源自事实还是你的臆想，都是操控中最高明的手段。

有句老话说“在IBM永远不会担心失业和被解雇”，细细想来这也是源于人们的恐惧心理。假设一家公司采购部门的某名员工，需要找到最合适的供应商。明明有家公司的货物价格低、质量好，可他还是直接拒绝，就是因为这家公司名气不大，或者规模一般。他这么做，完全是出于内心的恐惧，担心万一有什么差池会丢了饭碗。这种恐惧不管是源自事实还是自己的内心，都让他忘记了工作的初衷，损害了公司的利益。

一旦恐惧占了上风，事实似乎就不那么重要了。你被自己求生的本能支配着，再多的事实和数据，也不能让理智战胜一时的情感。恐怖分子就是利用了我们的这种心理。我们不会去想被恐怖分子袭击的概率有多小，还是会谈之色变。这都是源自内心的恐惧。

在我们的生活中利用人的恐惧心理作为操控手段，通常并没有太大的恶意。我们会用恐惧心理来教育孩子，促使人们遵守某些行为准则或者道德规范。很多公益广告都会利用人们的恐惧心理，倡议大家关注儿童安全、增强艾滋病预防意识，或者认清系好安全带的重要性。20世纪80年代的广告中，有很多反对吸食毒品的公益广告，其中一条联邦政府防止青少年滥用毒品的广告，尤为令人印象深刻。“这是你的大脑。”一个男人说着，手拿一个洁白的鸡蛋。然后他敲碎鸡蛋扔到了翻滚着热油的锅里，冷冷地说：“这是吸食毒品后你的大脑。明白了吗？”

还有一条禁毒广告直接能把那些叛逆的青少年吓得腿软：“可卡因不会让你更加迷人……只会让你变成死人。”

恐惧的操控还有很多。比如，在竞选的过程中，某候选人向大众披露自己的对手上台后会增加税收，同时减少法律方面的开支。又如，晚间新闻播报如果不把电视台调到 11 频道，你的健康和安全将受到严重危害。这都在无形之中，给选民或者观众的心里种下了恐惧的种子。很多公司也利用我们的恐惧心理来出售商品，向我们灌输一些思想，让你觉得如果不买某种产品或者服务，就会有不好的事情发生。

“每 36 秒钟，就会有一个人死于心脏病。”当地的心脏专家会告诉你。“你们家中有放射性气体氡吗？就算你家没有，你的邻居家也有！”那些提供室内空气检测的公司，总是会在卡车上张贴出类似的广告。还有所有的保险公司，都会让你“趁现在还来得及”，赶快给自己买份保险。

如果有人在向你推销的时候，总是谈不买会有什么后果，让你心生恐惧，那么他就是在用操控的方式，逼着你选择他。就好比拿着一把手枪，或者说用一根香蕉假装手枪，但是不管怎么样，这总能让他们在同类产品中脱颖而出。

毒鸡汤

“戒烟是我做过的最简单的事。”马克·吐温曾说，“我已经戒了上百次。”

如果说恐惧会操控我们远离可怕的事物，那毒鸡汤就会诱使我们朝着梦寐以求的东西靠近。营销专员或者销售都知道，向潜在客户灌输毒鸡汤是多么地重要。如果购买他们的产品或者服务，就能轻而易举获得自己想要的东西或者能力，谁会不心动呢？“通向幸福生活的六个步骤”“几招减掉小肚腩”“六周暴富秘诀”，这都传达着同样诱导的信息，似乎我们想要的唾手可得，或者能瞬间变成那个理想的自己。

实际上，这些鸡汤还是充满正能量的。对于那些缺乏自律性，或者总是没有自信、缺乏安全感的人来说，单靠自己一个人可能很难实现目标（通常情况下，我们都是这样的人）。但是，我总是开玩笑说，毒鸡汤可以快速游说你去办张健身卡，但是要想让你坚持一周去三次健身房，必须激励自己一下才可以。“快速减肥的六个妙招”对于那些生活规律、坚持运动的人来说，毫无吸引力。生活方式越不健康的人，越容易上钩。很多人为了自己理想的身材反反复复地节食。不管说得多么天花乱坠，想要身材匀称最好的办法就是合理膳食，同时适当运动。换句话说，就是足够自律。每年的1月，去健身房办卡的人都会增加12%，但是一年下来，能坚持运动的所剩无几。毒鸡汤确实能刺激我们的行为，但是对于大多数人来说，想要坚持下去太难了。

毒鸡汤不仅能吸引消费者上钩，也是公司交易中的灵丹妙药。不管规模是大是小，公司负责人都想要把生意做大做好，所以他们斟酌再三，雇用专门的咨询师、制定一系列的方案，确保收获满意的结果。这些制度固然很好，但是往往难以坚持。在这方面我深有感触，多年以来，我为自己制订了许多计划，也尝试了不少方法，就是为了能够“获得梦寐以求的成功”。但是最后，却发现自己还是改不掉老毛病，养不成好习惯。于是我又给自己制定了一个新方案，那就是不再依靠毒鸡汤改变自己。不过说句实话，我也不知道这次自己能坚持多久。

可以说，希望用短期的行动就达成长久以来的愿景，是许多公司的通病。我有一个朋友是名管理咨询师，连坐拥亿万美元的大公司都曾找过她，希望能在她的帮助下实现发展目标。据她所说，不管在经营管理方面存在什么样的问题，这些公司负责人总是想要找捷径，选择既便宜又有效的方式解决眼前问题，而不是彻底消除问题的根源。就像那些每天都在节食减肥的人一样。“他们都不愿意花费时间和资金换取一个好的开始。”她这么评论这些客户，“却一遍遍地用时间和资金填补之前的错误。”

同辈压力

“五分之四的牙医都推荐三叉戟木糖醇（Trident）。”口香糖公司总是用这种广告，吸引人们购买它们的产品。“美国顶尖大学双盲试验[1]发现……”午夜广告播放着。“行业专家极力推荐，你值得

1. 指在试验过程中，测验者与被测验者都不知道被测者所属的组别，分析者在分析资料时，通常也不知道正在分析的资料属于哪一组。旨在消除可能出现在实验者和参与者意识当中的主观偏差和个人偏好。

拥有！”类似的广告到处都能看见。还有一些广告会告诉你“我们的产品得到了几百万名消费者的认同”。广告措辞有很多，但都同样来自同辈压力。在销售过程中，如果听说某种商品深受大众欢迎，或者得到了相关专家的认证，我们很自然就会觉得它是个好东西。谁都觉得大众的眼睛是雪亮的，专家的判断是正确的，所以毫不怀疑就让人牵着鼻子走。同辈竞争就是利用了我们这种心理。实际上，大家说好不一定真的好，专家也有失误的时候，但是我们总是怕自己的选择是错的，所以更愿意随波逐流。

商品推销的过程中，名人代言也会给我们带来同辈压力。我们会觉得“连他都用，那东西肯定不错”。比如，听说泰格·伍兹[1]代言耐克旗下高尔夫产品，或者泰特利斯特（Titleis）[2]高尔夫球，你自然就会觉得这些装备很好（事实证明，老虎伍兹确实帮助耐克在高尔夫产品中站住了脚）。除此之外，老虎伍兹还代言了很多其他产品，比如通用汽车、管理咨询服务、信用卡以及泰格豪雅[3]专门为打高尔夫的人设计的一款腕表。据说这款腕表可以承受2450牛的冲击力，一般能感受到这种冲击的都是高尔夫球，而不是打高尔夫球的人，但是既然老虎伍兹代言这款手表，它肯定是好表。名人代言也有点儿像毒鸡汤，会让我们以为自己可以和他们一样。比较

1. 美国著名高尔夫球手。

2. 高尔夫球、高尔夫球杆行业内著名的品牌。

3. 瑞士奢侈腕表品牌。

典型的就是佳得乐[1]的广告词“我要成为迈克尔·乔丹”。这给年轻人一种暗示，似乎他们喝了佳得乐，长大就能和乔丹一样。名人代言有很多，其中一些着实让人摸不着头脑。比如，美剧《法律与秩序》中的演员萨姆·沃特森，居然为德美利证券（TD Ameritrade）做广告。一个饰演地区检察官、专门送杀人狂进监狱的演员，代言这个总让人觉得怪怪的。想来，可能是因为大家都觉得他“值得信赖”吧。

同辈压力不仅存在于易受影响的年轻人之中。我们大概都曾因为销售员的话，多多少少有压力感。你肯定也有过类似的经历，比如销售员说他那里有“办公问题解决方案”，而且你70%的竞争者都买了这个，你能不心动吗？但是如果那70%的竞争者都不够灵光呢？或者他们也是因为价格低，抵挡不住诱惑买来试试呢？不管怎么样，销售员的话只有一个目的——给你压力，让你迫于压力购买此类商品。他们的方法其实很简单，就是让你感觉自己被落下了，好像大家都知道就你还不知道。跟着多数人走总是没错的，不是吗？

我妈妈曾说：“要是你的朋友都把脑袋放到烤箱里，你也跟着做吗？”可惜的是，要是有人花钱请迈克尔·乔丹或者老虎伍兹这么做，这种行为可能真会形成一股热潮。

---

1. 美国运动型饮料。

新奇和创新

“全新的设计和制造工艺，摩托罗拉（Motorola）将开启手机的新纪元。”2004 年的新品发布会上，摩托罗拉宣布最新款手机问世，标志着该产品正式进入竞争异常激烈的手机市场。“使用航天级别铝材，科技全面升级，内置天线和化学蚀刻键盘，打造出 13.9 毫米超薄机身。”

摩托罗拉的宣传效果很好，数百万人争相抢购最新款手机。红毯上能看到明星拿着新款刀锋手机拍照，甚至还有一两个国家元首，被拍到使用同款手机打电话。刀锋一经问世就卖出了 5000 万部，这无疑是销售方面的成功。“刀锋手机打破传统手机的局限，是摩托罗拉公司秉承革新理念的历史性创造。”摩托罗拉前任首席执行官埃德·詹德（Ed Zander）曾这么评价他们的新产品，“这将成为未来手机制造的风向标。”

刀锋的问世为摩托罗拉带来了巨额收入，也确实代表着科技的革新。

但是，真的是这样吗？

还不到四年，詹德就被免除职务。摩托罗拉的股价跌了一半，其他品牌也很快复刻了他们引以为傲的科技革新，生产出来功能和特征都与刀锋差不多的手机。摩托罗拉被从革新的前缘拉了回来，要重新想办法抢占市场。把新型和创新混作一谈，是很多公司都犯过的错误。

真正的革新可以改变行业乃至整个社会的发展进程，比如电灯泡、微波炉、传真机和iTunes[1]。这些产品的问世都让我们的生活和工作变得不一样了。就拿iTunes来说，它改变了整个行业的商业模式。与之相比，在手机上加个摄像头称不上革新——这确实提升了手机功能，但是距离改变行业发展还差得很远。了解了什么是革新，再回头看看摩托罗拉自己对新品的介绍，就能明确感觉到刀锋手机只不过多了几个功能：金属外壳、内置天线、平滑键盘和超薄机身。很难称得上“历史性创造”。不过话说回来，摩托罗拉确实在其他品牌之前成功设计出了外壳发光的手机，这些新的功能也很让人兴奋……这种兴奋至少能持续到其他品牌开始生产类似手机为止。也正因为如此，这只不过是一些新奇的功能，称不上革新。它们的出现只能让产品变得特别，却没有发明出新的东西。新奇也是件好事，但是带来不了多少长远利益。新奇确实能提高销量——刀锋手机就是一个很好的例子，但是这种影响不会持续很久。如果一家公司总是在新奇方面出花样，也会和价格战一样，给自己的产品带来负面冲击。为了让产品与众不同而刻意增加新的功能，反而会制造出更多“无差别商品”。到最后，只能不停研发新的产品线，来弥补之前制造的无差别商品，然后进入一个恶性循环中。

---

1. 苹果公司推出的一款免费数字媒体播放应用程序，能管理和播放数字音乐和视频。

在20世纪70年代，高露洁的牙膏只有两种。随着竞争越来越激烈，高露洁销量下降，公司决定研发一款新产品，给牙膏里面加氟或者增加其他什么功能。就这样，一款新品跟着另一款新品，美白、去除牙石、亮洁、加上彩条，每一次的新品确实都在一段时间内提升了销量，却让高露洁陷入了不停推出新产品的循环里。你知道现在的高露洁一共有多少种不同的牙膏吗？32种，还不包括4款儿童牙膏。同时，鉴于所有公司在面对这类所谓的“革新”时都有同样的应对方式，这就说明其他牙膏品牌为了和高露洁竞争，也研发出了这么多种类的牙膏。它们和高露洁生产的牙膏质量相当、功效相同、价格也差不多。这么说来，可供选择的牙膏得有好几百种，但是数据显示，从20世纪70年代到现在，人们的刷牙习惯没有什么变化，并不会因为牙膏种类多就多刷几次牙。真要感谢这些“革新”，现在我们很难判断自己到底需要什么样的牙膏了。牙膏种类繁多，在高露洁的官网都有一个专门的链接，点开后能“帮你选择合适的牙膏”。如果我们选个牙膏都需要高露洁帮忙，那自己到了超市，面对五花八门的类别，又该怎么办呢？

和其他操控手段一样，这些闪闪发光的新物件也是为了吸引更多消费者。明明只是增添了一些新奇的功能，商家却一定要打着“革新”的旗号。这么做的不仅是各种商品，其他行业也用同样的手段招揽客户。可惜的是，新奇固然有效，却不能帮他们收获忠诚的贸易伙伴。

现如今，苹果已经取代了摩托罗拉，成为时尚达人的必备手机。苹果的创新，不仅在于它没有键盘、加上了触摸屏。这些新颖的功能确实很棒，但是并不能重新定义行业发展，别的品牌也能快速效仿。苹果之所以能影响深远，还要归功于公司的其他举措。

苹果不仅改变了手机的设计，还在市场中引领了一场“苹果风潮”，让整个行业的运作方式都发生了改变。在此之前，手机制造商的话语权并不多，是服务供应商决定手机的功能是什么、能做些什么。我们耳熟能详的品牌，比如摩托罗拉、诺基亚、爱立信、LG 等都要听命于T-Mobile[1]、Verizon 无线公司（Verizon Wireless）[2]、Sprint[3] 和美国电话电报公司（AT&T）。苹果改变了手机公司的尴尬现状，提出要把主动权掌握在自己手里。当时只有美国电话电报公司接受了苹果的提议，并与之签订了独家协议，为消费者带来全新的科技体验。这一创新为整个行业注入了新的活力，它的影响不仅仅是短期股价的上涨，而且是闪着光的新型产品无法比拟的。

在革新的同时它也很新奇，不是吗？

操控的代价

操控的效果确实好，每一种手段都能影响消费者的行为，也

1. 一家跨国移动电话运营商。是德国电信的子公司，世界上最大的移动电话公司之一。

2. 美国第二大移动运营商。

3. 美国第四大无线运营商。

能让这家公司大赚一笔。但是凡事有得必有失，这些都不能提升客户的忠诚度。利益只是一时的，随着时间的推移，操控必将付出代价。与此同时，无论是卖家还是买家都会感到压力倍增。当然了，要是你资金充足，就是想赚点儿快钱而不计长远，操控不失为一种完美的策略。

政坛和商界一样，充斥着各种操控。我们已经讲过，这些手段只能提升销量，带不来顾客的认同。这一点在政治中同样适用。哪怕一个候选人通过操控拉够了选票，也不会有牢固的领导基础。想要强有力的领导力，必须有大众无条件的支持。这不仅仅是召集一场集会，而是经历多年也有人追随。在商务活动中，领导力就是有顾客的包容，包容你一时的纰漏，一如既往支持着你。要是你会操控这种手段，做一锤子的买卖，下一次消费者还会选择你吗？就算选举胜出接下来又要怎么办呢？

重复购买和顾客忠诚是完全不同的两个概念。重复购买是买卖重复了很多次；而顾客忠诚则是哪怕有更好的商品、更低廉的价格，消费者还是愿意选择你。忠诚的消费者不会去了解其他竞争品牌，也没有想过换一种试试。因此，想要收获顾客忠诚并不是一件容易的事情，但是重复购买就不一样了，用点儿操控的手段就可以。

在美国的商业贸易中，操控似乎成了主流，想要根除简直是天方夜谭。所有令人上瘾的东西都是一样，越沉迷越难以保持清醒，只是一味追求权宜之计，去应对那些越来越频繁出现的问题。不管短期的收益让你感觉多好，操控对整个公司的长远发展会造成难以估量的冲击。当今大多数的公司都被一时的得意冲昏了头脑，只能一个应急策略紧跟另一个应急策略，勉强往前走。这些一时的策略越来越复杂，导致美国经济的发展都要臣服于操控手段，假数据和伪科学越来越多。打个比方，有一些直销公司甚至专门统计邮件措辞，计算出什么样的邮件回复率更高。

那些要求通过发邮件返利的商家深知，承诺返利越多，效果就越好。当然，他们也知道这么做的代价是什么。要想既返利又盈利，就必须保证顾客奖励流失和返利流失保持在一定的水平之上。依赖这种快速提升销量的捷径，商家就像上瘾了一样欲罢不能，有的甚至故意把返利要求写得模糊或者烦琐，好让更多的人申请不到，以此保证自己的收益。

三星不光是电子产品的巨头，也是撰写返利条款的行家，它通过这种方式狠狠地在消费者身上赚了一笔。2000 年初，购买三星旗下一系列电子产品，都可以得到 250 美元的返利。附加条款是一个地址只能申请一次现金返利——这个规定看似合情合理，不会影响消费者利益，但是实际上，对于那些住在公寓里的人，根本没有办法申请返利。超过 4000 名用户受宣传蛊惑买了三星，但是他们的申请全都被无情驳回。这种投机取巧的行为，引起了美国司法部部长的重视。2004 年，三星被罚 20 万美元，作为对这些住公寓消费者的补偿。这是一个比较极端的例子，最后违反规则的公司也付出了代价。商家类似的手段还有很多，比如保留商品条形码、在截止日期前填写返利申请表。这些口口声声说着以消费者为中心的公司，却精心计算着怎么让大家得不到返利，说来是多么可笑！

操控能达成交易，却不能换来顾客忠诚

“这非常简单。”电视广告鼓吹着，“只要把旧金饰放到信封里邮寄回来，两天之内就能收到对应金额的支票。放心，邮寄已保价。”黄金信封公司（My gold envelope）专门回收黄金，将它们熔化、提炼，做成新的饰品重新放回市场，是这一行业的领头羊。

道格拉斯·菲尔斯坦（Douglas Feirstein）和迈克尔·莫兰（Michael Moran）带着一腔热血，成立了这家公司。他们一心要改变行业的现状，让这些穷街陋巷里面的饰品店也能和蒂凡尼一样大放异彩。两个人为此不惜投入巨额资金，想要在提升服务和盈利两方面找到一个平衡点，力求给顾客完美的体验。两个人都是成功的创业者，他们深知提升顾客体验、打造自己的品牌，对公司发展至关重要。各级电视台都播放着他们的广告，“做到最好”这句广告词传遍大街小巷。他们确实为公司打开了口碑，但是收益却没有达到预期。

勉强维持了几个月后，菲尔斯坦和莫兰突然发现了一个问题：他们几乎没有回头客。明明是做的一锤子买卖，他们却非要整出花样，反而得不偿失。于是，两个人不再把服务“做到最好”，而是做得差不多。毕竟，大部分人不会再消费第二次，自然没人拿他们

和其他同类公司比。只要引导人们选择自己的品牌，然后提供不错的服务，保证顾客会推荐给自己的亲朋好友就很不错了。除此之外，再多做一分也是白费力。黄金信封公司的创始人不再投入资金提升顾客忠诚度，而是致力于达成交易。很快，他们就如愿提升了营业额。

要做一锤子买卖，最好的办法就是软硬兼施。警察悬赏目击者或者线人，不打算建立长期关系，只是需要线索就可以。你家的猫丢了，你酬谢帮你找回猫咪的人，也不是要建立关系，只是想把猫咪找回来。

要想快速达成交易，特别是针对那些只有一次，或者偶尔一次的行为，操控绝对立竿见影。就好比警察悬赏，是为了有人能站出来提供线索、逮捕罪犯。促销也是这个道理，只要奖励高到可以抵消部分风险，就会有人甘愿被操控。

然而，不管是个人还是公司，如果你追求的不是一次的交易，而是建立长期、忠诚的关系，操控就没什么用了。打个比方，那些政客到底是想要你的选票，还是想获得你真心的支持？（当然了，如今的选举似乎就是想要赢。竞选广告都是在诋毁对手，抓住一个问题就不放，散播恐慌和毒鸡汤的言论比比皆是。这些手段确实能帮助某些人赢得选举，但是想要在选民心里播下忠诚的种子，完全不可能。）

美国的汽车制造业正是因为吃了这方面的亏，所以才明白操控的手段碰不得，自己真正需要的是培养一批忠诚的客户。经济势头好、资金充足的情况下，操控似乎还不错，但是一旦市场低迷，操控必将付出惨重的代价。

比如，2008年石油危机期间，汽车行业的各种促销和刺激手段也没能挽救低迷的市场（同样的情况20世纪70年代也出现过）。在这种情况下，操控能否带来短期收益，完全取决于经济发展的态势。指望着经济永远都一片向好，公司发展的根基自然不牢固。对品牌忠诚的消费者不会因为一时的刺激政策就动心，经济繁荣的时候也许你注意不到他们的价值，但是一旦市场不景气，就能发现他们的支持对公司的维系是多么重要。

操控固然有效，但是价格不菲。为此，你将损失很多资金。当你口袋里的钱不足以继续那些小手段的时候，就会明白忠诚的客户是多么弥足珍贵。“9·11”事件后，就有消费者主动寄支票到美国西南航空公司，表示对它们的支持。“谢谢你这些年的帮助，在这段困难的时期，希望我也能帮到你。”尽管西南航空得到的捐赠并不足以解决问题，却彰显了顾客对他们的认可。这是一种愿意同甘苦、共进退的感情。还有的顾客用行动支持西南航空，他们虽然没有寄支票，但是却带来了难以估量的长远价值。忠诚的顾客让西南航空挺了过来，仍然是史上最盈利的航空公司。

那些忠诚的顾客和员工不会因为一时的降价就心动，他们的追随总让人心安。就像你身边忠心耿耿的朋友一样，在最需要的时候，你知道他们会不离不弃。消费者和商家、选民和候选人、员工和老板之间，如果能做到“紧密相连”，那么一定有一位伟大的领导者激励着大家一起前进。

与之相比，操控只能制造焦虑。不仅消费者会受影响，商家也苦不堪言。作为消费者，我们很难判断到底哪种商品、服务、品牌或者公司更好。就比如五花八门的牙膏种类，让人不知道选哪个。牙膏只是诸多案例的一个缩影。现如今，我们每天都要做各种各样的决定，每个决定都和选牙膏一样让人搞不清楚。与哪家法律公司合作、选择哪所大学、买什么车、去什么公司应聘、把选票投给谁——可选择的实在太多太多。商家广告、促销和制造压力花样层出不穷，都想着盖过同类竞争者，掏空我的腰包、获得我们的支持。最后结果都一样：让所有人时时刻刻倍感压力。

不仅消费者如此，商家也如此。要吸引消费者变得越来越难了。竞争对手每天都有新的花样，有更大的优惠。想要赶超对手，每天拿出新的促销方案、新的游击营销[1]策略，或者新的产品功能并不是一件容易的事。但是多年以来只追求眼前利益，商家的利润已经少得可怜，这从长远上看对公司发展打击巨大，内部肯定人心惶惶。由此可见，操控之下没有赢家。

现在，商界和职场中压力盛行是有原因的。彼得·C. 惠布罗（Peter C. Whybrow）在他的书——《理性与本能：大脑的神奇平衡术》中指出，折磨着美国人的病痛，和人们现在的饮食习惯或者食

---

1. “游击营销”(Guerrilla Marketing) 一词灵感源于“游击战争”，意指通过非常规的营销活动使消费者感到意外，并以此推广相应的产品和服务。

物中包含部分氢化油的关系并不大。据惠布罗说，是美国现今的生活方式让人们不堪重负，才有了各种病痛。溃疡、抑郁、高血压、焦虑都和这个脱不了干系。书中指出，那些“多一点、再多一点”的承诺让我们的奖赏回路（reward circuits）[1]不堪重负。那些追求短期利益的商家，正损害着我们的健康。

有效却不一定正确

操控的危险性在于这么做似乎很有效。如此行之有效的方法，让所有人都想试试。渐渐地，这成了一种常态，不管来自哪个行业、规模是大是小，所有的公司或者组织都要加入操控者之中。这又在无形中制造了同辈压力。说来很讽刺，我们在操控的同时，自己也被算计了。我们为了达到目的不择手段，降价、促销、散播恐惧情绪、毒鸡汤，却不知不觉中让我们的公司、组织乃至整个商业系统变得越来越脆弱。

2008 年的经济危机，就是错误猜想盛行的极端结果。银行以操控手段作为决策依据，引发房产泡沫破灭、银行相继破产。员工被公司红利牵着鼻子走，只看眼前的利益。谁要是大胆直言，反而会被当众羞辱。贷款门槛低、金额高，人们纷纷上钩去买自己根本

1. 大量使用一种叫作多巴胺的神经递质。

负担不起的大房子。这里面没有任何信任和忠诚，都是在交易——交易也许会取得成效，但是也要付出代价。没有人愿意为大众着想。这么做有什么意义呢？——完全没有必要费这个功夫。人们只追求一时的快感和满足，其他的一切都显得多余。第一批被自己成功压倒的人，并不是金融危机中的银行家。早在几十年前，美国汽车制造业就有过先例——操控手段一个接着一个，短期决策也是一个接一个。当所有的行为都围绕着操控的时候，垮台只是早晚的事。

可惜当今世界，操控已经成了常态。

好在，我们还有其他选择。

2

另一种做法

第三章
黄金圈法则

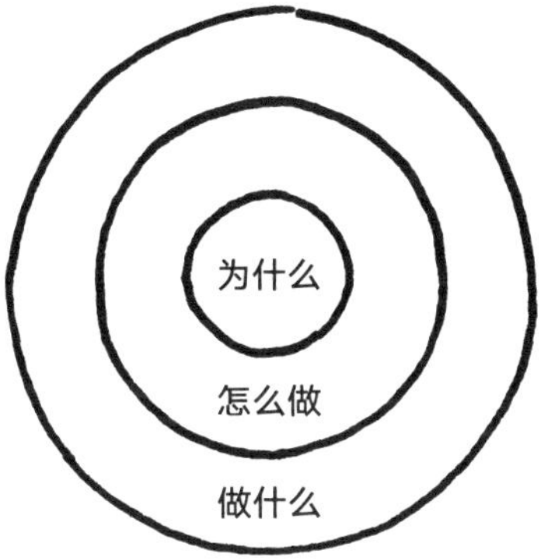

大部分人在鼓舞人心的时候，都会选择操控，很少会去激励别人。不管是作为个体还是在团队之中，那些总能激励大众的领导者在思维模式、行事风格和沟通方式上大同小异，却和其他人都不一样。不管他们是天生如此还是刻意为之，领导者都遵循一个模式——我把它称作黄金圈法则。

黄金圈法则的概念源自黄金比率——从古至今，这一连串神奇的数字组合让数学家、生物学家、建筑师、音乐家和自然崇拜者为之着迷。从古埃及人、毕达哥拉斯（Pythagoras）[1]到列奥纳多·达·芬奇（Leonardo da Vinci）[2]都根据黄金比率研究出了不仅符合运算规律，还极富美感的数学公式。黄金比率还告诉我们，大自然极具规律和条理，比如对称的树叶，还有完美的雪花。

不过，我之所以深深臣服于黄金比率，主要是因为它可以应用到不同的领域中。最为重要的是，我们可以根据黄金比率总结出成功的公式，然后反复获得自己理想中的满意结果。也许在一些人看来，这只是偶然或者纯属运气。但是别忘了，尽管有人把大自然当作不确定的代名词，但实际上大自然蕴含着无穷的规律，超乎我们的认知。黄金比率就是这样，在杂乱无章中尽显有序的规律。黄金圈法则和这个差不多，只不过这里的规律存在于人们不可预测的行为之中。这也就是说，我们能通过黄金圈法则找到行为的内在原因，即为什么自己会这么做。同时，它时刻提醒着我们，如果做事情之前都问问自己“为什么”，将会收获更多的成果。

与此同时，黄金圈法则也帮助我们打开了思路，揭示出为什么有的领导者或者组织能够凭一己之力带来如此巨大的影响。为什么苹果的革新能影响到那么多不同的行业，让它至今都是创新的代名词？为什么时至今日都有人把“哈雷·戴维森”文到自己身上？为

1. 古希腊数学家、哲学家。

2. 意大利文艺复兴时期的画家、自然科学家、工程师，与米开朗琪罗、拉斐尔并称“文艺复兴后三杰”（又称“美术三杰”）。

什么美国西南航空公司能成为史上最盈利的航空公司，它的策略为什么行之有效？为什么人们心甘情愿追随马丁·路德·金，与之一起改变美国现状？为什么约翰·肯尼迪去世后，还有人愿意按照他的意愿，把宇航员送到月球上去？这些问题都能通过黄金圈法则找到答案。它让我们明白了这些伟大的领袖是如何激励着身边的人一起奋斗的，人们为他们所用，没有一丝一毫操控的成分。

黄金圈法则不仅能改变世界，还能运用到生活中，让我们激励、带动身边的人。把黄金圈法则作为行动指南，可以从很大程度上帮助我们提升领导力、改善企业文化、招募理想员工、优化产品研发、提升销售业绩、扩大营销规模。它能帮助我们找到提升顾客忠诚度的方法，能给我们不竭的动力，把自己的想法转化为社会发展的契机。

想做到这些，就要由内及外，从问“为什么”开始。

在探讨黄金圈法则的应用之前，我们先从外到内，研究一下每个圈代表什么。

做什么：不管规模大小，来自哪个行业，所有的公司和组织都知道自己是做什么的。他们能轻松描述出自己出售的产品和服务，以及公司内部的组织结构、岗位职责。所以，做什么很容易解释明白。

怎么做：有一些公司明确知道自己要怎么做该做的事情。“差异化价值主张”“专有工艺”“独特销售主张”，虽然不同的公司说法不同，但其都是通过这种方式解读了自己的做法有什么独到的地方，哪里更好一些。“怎么做”的答案似乎没有“做什么”那么明确，但是很多人都认为正是这一条给了人们内在动机，导致不同公司做出了不同决策。如果你觉得我们只需要掌握“怎么做”就可以，那真是大错特错了。还有一个不容忽视的细节——

为什么：能清楚说出自己为什么这么做的个人和公司凤毛麟角。这里的“为什么”，并不是为了赚钱——盈利只不过是最后的结果。“为什么”是支撑你这么做的目的、初衷和信仰。为什么你要创办公司？为什么要早早起床？为什么要在意别人的看法？

大多数的个人和公司在思考、行事、交流的过程中，都是从黄金圈法则的外面开始，先看“做什么”，最后问“为什么”，这种本末倒置的方法让他们把原本简单明了的事情越做越糊涂。我们总是这样，说着自己要“做什么”，时不时思考一下要“怎么做”，却从来不深入剖析“为什么”要这么做。

我经常拿苹果公司举例，因为它的名声家喻户晓，旗下的产品也标新立异，总能在同类品牌中脱颖而出。随着时间的推移，苹果还能在行业中立于不败之地，绝对不是偶然。苹果始终站在行业创新的最前沿，有着一众品牌追随者，无疑是将黄金圈法则演绎至极的典范。我们首先来看看苹果公司比较简单的营销案例。

如果苹果和其他公司一样，它的营销就会从黄金圈法则的最外层开始，先介绍自己的公司“做什么”或者卖什么。然后进一步从“怎么做”的角度，解释它与同类竞争者的不同之处，为什么自己如此出众，顺便号召大家采取行动，也就是购买它的产品。如果是这样，苹果公司的营销策略可能是下面这个样子：

> 我们生产的电脑功能一流。
>
> 它们造型精巧、使用方便、设计人性化。
>
> 要不要买一台？

广告语虽然蹩脚，却是大多数公司的选择。先介绍它们“做什么”——“这是我们的新型汽车”，然后讲述“怎么做”，或者说产品优势在哪里——“真皮座椅、长续航、购买享优惠！”最后号召大众采取行动，做点儿什么。希望奇迹出现，能够达成交易。

模板似的营销在B2C和B2B市场中都屡见不鲜。“这是我们的法律公司，我司所有律师都是名牌大学毕业，曾为诸多有名望的客户打赢官司。选择我们准没错！”类似的话还能在政坛中看到——“这是我们的候选人。她对税收和移民有诸多建设性意见，能为我们带来改变，不是吗？把宝贵的一票投给她！”这些话的场景不同，目的却一致，那就是让人觉得他们不一样，或者他们更有价值。

然而，那些引领大众的公司、鼓舞人心的领导者绝对不会止步于此。他们不管公司规模是大是小，具体来自哪个行业，在思考、行动、交流的时候都会从里到外，从问“为什么”开始。

我们不妨回过头来再看看苹果公司真实的营销策略。这一次，是从“为什么”开始。

我们所做的一切，都致力于带来改变，从来不拘一格、别具匠心。

我们的产品造型精巧、使用方便、设计人性化，会给你带来不一样的体验。

我们生产的电脑功能一流。

要不要买一台？

这几句话给人的感觉完全不一样，传达的信息也不一样。看了这些话，我们会更想购买苹果电脑——要做到这一点，只不过把传达的信息调换了一下顺序。几句简单的营销话语，没有诡计，没有操控，不含赠品，不讲鸡汤，也没有名人代言。

当然，除了调换句子的顺序，苹果的营销还有一个重要的改变，那就是从“为什么”开始。开诚布公把自己的目的、初衷和信仰讲出来，这些和“做什么”没有一点儿关系。苹果公司生产的产品涉及电脑和各类电子产品，这体现了苹果公司的初心，却不是你要买它的原因。苹果的设计和用户界面固然与众不同，操作便捷，却不足以让顾客如此死心塌地支持这个牌子。这些功能和特质更像是一种媒介，通过它们，苹果的初心为人们所知，而它自己也距离实现目标更近了。其他公司当然也可以想办法雇用顶级设计师和程序研发人员，模仿苹果公司生产出一样方便使用的产品，但是这些公司无法挖走苹果忠实的员工，更不可能复制苹果的成功。通过复制“做什么”和“怎么做”远远不够，让苹果公司如此出众的不仅仅是这些，追其原因似乎很难用语言描述，也不是谁都可以随随便便模仿得来。这个例子告诉我们，让人们动心的不是“做什么”，而是“为什么”。

这句话太重要，我们不妨再默念一遍：让人们动心的不是“做什么”，而是“为什么”。

苹果的产品能一直傲立于科技的前沿，同时深受大众的追捧，不是因为它们“做什么”。可惜这个道理，大多数人都不明白。还是有很多的公司试图通过增加产品功能和购买优惠，来证明自己的公司、产品或者想法更好。他们有的说得很直白，有的隐晦一些，用类比或者隐喻，说法不同但内容还是一样，效果更没什么差别。让人们动心的不是“做什么”，而是“为什么”，这些公司都本末倒置了。这是典型的从外到内，试图用“做什么”和“怎么做”来引领大众。

如果从内到外，效果就完全不一样了。“为什么”是告诉大家选择你的原因，“做什么”进一步证明你们的信仰和初心。只有这样，大众才能明确认识到为什么选择你的产品、公司或者理念。

“做什么”不过是表象，“为什么”才能抓住本质。实际上，苹果公司也没有多么特别，也只是一家生产电子产品的公司，和同类竞争者戴尔、惠普、捷威、东芝都差不多。要想买电脑，从这些牌子里随便选一个就可以。说起来这些都是差不多的公司，组织结构大同小异，公司内部体系有的好一些，有的差强人意。招募来的员工都不乏精英，享有的资源也差不多，代理商、咨询顾问和媒体渠道似乎也没什么不同。每家公司里面肯定都有非常优秀的管理层、设计师和工程师，生产的电脑都是有好有坏……包括苹果在内也是一样。那么，苹果到底是为什么这么受欢迎呢？苹果的创新点在哪里？为什么销量一直那么好？怎么做到能有这么多忠诚的追随者？要知道，能做到这点的公司可谓凤毛麟角。

让人们动心的不是“做什么”，而是“为什么”。正因如此，苹果的各类产品都能受到欢迎，让它在竞争中游刃有余。人们不仅喜欢苹果的电脑，买 MP3、手机、硬盘录像机 DVR 也首选苹果。苹果的电子产品种类齐全，不管是消费者还是投资商都可以随心选择。让苹果出众的不是公司“做什么”，而是“为什么”要这样做。这一件件产品进一步证明了它的初心。

当然了，这并不是说苹果的产品不重要，它们绝对起到了推波助澜的作用，但是更重要的是，苹果敢于突破世俗眼光的束缚，把“为什么”置于第一位。让苹果公司成功的不仅仅是它的产品，也不是公司的营销方式，“做什么”只不过是苹果初心的体现。是“做什么”和“为什么”之间的相互关系，让苹果脱颖而出。也正因如此，我们觉得这个牌子很真实。他们做的一切都是在告诉大众“为什么”，都是在力求改变。说起苹果公司，我们都知道它“不同凡响”，很少有人会提到苹果具体做什么产品、属于哪个产业。

苹果 Mac 机是一款具有划时代意义的电脑，它没有使用传统计算机的命令界面，而是推出了世界首款图形用户界面。当时研发电子产品的公司都把营销重点放在商业市场，苹果偏偏研发个人电脑，让每个人坐在家中就可以拥有无限的科技力量。苹果公司用自己的声音和行动一遍遍重复着它的“为什么”，那就是要勇于革新、要不同凡响。从 iPod 到 iTunes 都是苹果初心的体现，它们改变了音乐产业的运营和分发，提升了个人的音乐体验。

以前的音乐产业都是通过发行唱片，让消费者买回家去听。这种运营和分发的方式也随着时间的推移与时俱进。1979 年，索尼发明了随身听，人们随时随地都可以去听自己喜欢的音乐。但是不管是随身听还是后来的 CD 机，都有一定的局限性，我们只能听某一磁带或者光盘上的歌。MP3 就不一样了，这个小小的电子产品通过数字压缩，能存放多首高音质歌曲。它不仅携带方便，还有价格优势。我们从此能够走出家门，随时随地听自己喜欢的音乐。MP3 不仅重新定义了我们在哪里听音乐，还颠覆了我们的认知和行为。以前，人们需要收集自己喜欢的唱片，现在，只要下载自己喜欢的歌曲就可以了。尽管唱片已经过时，但各大音乐公司还是绞尽脑汁兜售唱片。在这种情况下，iPod 带着“装在你口袋里的 1000 首歌”横空出世。iPod 和 iTunes 又取代了 MP3、MP4、MP5 诸如此类的设备，改变了我们的生活。与此同时，苹果的广告里面并没有过多描述产品细节，只是让我们进一步认识苹果，让我们进一步了解自己的需求。让我们知道“为什么”需要这些产品。

MP3 不是苹果公司发明的，甚至生产 iPod 的技术都不是它的专利，但这丝毫不阻碍苹果公司让音乐产业改头换面、地动山摇。内存大、体积小的音乐播放硬盘其实是新加坡创新科技有限公司（Creative Technology Ltd.）的发明，它是多媒体及数码娱乐领域享有盛誉的生产商，个人电脑的声音和音效都离不开该公司的声霸卡。实际上，创新科技有限公司发布音乐播放硬盘整整 22 个月后，苹果才利用这项技术推出 iPod。创新科技公司在数码产业的名气远超苹果，又拥有技术优势，却没有按照常理那样“先发制人”。很明显，其“5G 内存音乐播放器”看起来没有“装在你口袋里的 1000 首歌”那么吸引人。因为创新科技只是告诉了我们它的产品是什么，而苹果却让我们了解到“为什么”需要买 iPod。

我们被苹果的“为什么”打动，进而去关心它能“做什么”，开始从内存、颜色等方面选择自己心仪的产品。5GB 或者 10GB 之类的细节，只不过进一步证实了可以把 1000 首歌装在口袋里。由此可见，我们所有的决定都是从“为什么”开始，而苹果恰恰符合这个规律。

实际上，苹果公司的 iPod 真的比创新科技有限公司的 Zen 要好吗？恐怕也未必。苹果的电池寿命和更换仍然是个问题，严重影响着产品使用周期。这么说来，Zen 似乎略胜一筹。可是这又有什么关系？没有人会去想这些，让人们动心的不是“做什么”，而是“为什么”。苹果公司敢于大声宣布自己的“为什么”，敢于创新、改变，反而能战胜更有资历优势的竞争对手，甚至在自己并不擅长的领域崭露头角。

那些讲不出自己“为什么”的公司正好反过来。越是用“做什么”来定义自己，越是限制了公司的发展。苹果的同类竞争者，即大部分的电子产品公司，总是在宣传产品或者服务，却不去关注它们“独特的价值主张”，导致运营活力深受阻碍。比如，从 2003 年开始卖平面电视的捷威，作为显示屏生产商，捷威生产的电视从质量到销量应该都有保障。让人大跌眼镜的是，捷威的电视业务一直没有激起什么水花，以至于两年后该公司宣布放弃电视生产线，专供“核心领域”。同样的事情也曾发生在戴尔身上。戴尔在 2002 年和 2003 年分别推出了 PDA 掌上电脑和 MP3，但是商品销售惨淡，没坚持几年就下线了。戴尔是电脑方面的一线品牌，在技术层面完全可以制造其他电子产品。它和捷威的问题一样，都是用“做什么”来定义自己，所以我们都觉得戴尔就是卖电脑的，生产 PDA 或者 MP3 总是感觉怪怪的。会有多少人愿意排 6 个小时的长队，去买一部戴尔生产的手机呢？肯定不会像苹果发布新品一样，不是吗？在大众看来，戴尔就是电脑制造品牌，做不了别的。戴尔进军小型电子设备市场的计划也败给了现实，只能调整策略，同样专注于“核心领域”。不管是戴尔、捷威，还是其他的品牌，如果不能找回自己创办公司时的目的、初衷和信仰，挖掘自己的“为什么”，即所思、所说、所做的原因，就只能在电脑界摸爬滚打，在“核心领域”中止步不前。

苹果之所以能在竞争者中脱颖而出，正是因为它不受“做什么”的牵绊，坚持用“为什么”来定义自己。苹果不仅是一家电脑公司，它从未停下革新的脚步，一直在改变现状，为用户带来更便捷的选择。2007 年“苹果电脑公司”改名为“苹果公司”，再一次向全世界宣告，自己不仅仅是电脑制造商。坦白讲，一家公司叫什么似乎没有那么重要，哪怕苹果还是叫“电脑公司”，仍然可以“做什么”别的产品。但是这样却限制了公司的定位，所以名称的改变看似没有实际意义，其实是一种达观的体现。

自 20 世纪 70 年代成立之初，苹果公司一直坚守着自己的“为什么”。不管产品是什么、属于哪一领域，它的“为什么”从未改变。现在看来，苹果公司敢于打破思想界限的做法，真是未卜先知。作为电脑公司，它改变了私人电脑的发展进程；作为微型电子产品公司，它撼动了产业巨头——索尼（Sony）和飞利浦（Philips）不可动摇的地位；作为手机供应商，它成功挤走了摩托罗拉、爱立信、诺基亚这些老牌子。苹果的产品涉及多个领域，而且每种都如此出众，这让我们电脑公司也有了一个全新的认识。不管苹果“做什么”，我们都知道它“为什么”能一直是经典。

苹果的同类竞争者则不同。当然了，它们从成立开始，多多少少都带着自己的“为什么”，不然也不会成为市值几百亿美元的国际化公司，但是在长年累月的运营中，这些公司都无一例外忘记了自己的初心。现在的它们禁锢在自己打造的“做什么”之中，只能靠生产电脑营生。就这样，那些怀揣初心的公司变成了兜售商品的公司。在这种状况下，如果想要消费者选择自己的品牌，就必须从价格、质量、服务和基本功能上做文章。这个时候的公司和产品，都成了无差别商品。事实证明，如果公司迫于压力，妄想借助价格、质量、服务和基本功能提竞争力，只会让自己的产品越来越普通，想要收获顾客的忠诚也变得难上加难。更何况，这种竞争在资金方面投入太大，一睁眼就想这些问题也会给公司中的每个人带来心理压力。如果想崭露头角，在行业内始终处于领先地位，一定要谨记自己的“为什么”。

在市场中苦苦挣扎，想要提升辨识度的公司，不管是“做什么”或者“怎么做”，基本上早已沦为无差别商品。这就好比在奶农看来，不同品牌的牛奶质量真的有差异，可是问题在于，作为普通消费者，我们不能像专业人士那样分辨出牛奶的不同，所以大众眼中的牛奶是差不多的，什么牌子的牛奶都一样，这就成了无差别产品。与此同时，牛奶产业也用相匹配的运营模式回应大众的认知，在无差别商品的路上越走越远。当今市场中大部分的产品和服务，不管是 B2C 还是 B2B，基本上都是这个模式。它们太过专注于“做什么”和“怎么做”，无暇顾及自己的“为什么”。我们分不出这些品牌有什么区别，把它们都看作无差别产品。可是，消费者越是这么想，商家越是努力在“做什么”“怎么做”上做文章，陷入无限的恶性循环中。这些公司每天都在为提升辨识度绞尽脑汁，却不去想自己已经沦为无差别产品。相反，那些不忘初心、时刻谨记“为什么”的公司和组织，从来不会有这方面的压力。它们如此与众不同，自然不用费功夫去宣讲自己的“价值”。没有复杂的奖罚措施，所有人都知道它们很特别，因为它们的一言一行，都是从“为什么”开始。

当然了，还是会有人搞不清状况，觉得苹果公司的成功肯定和它的营销能力挂钩。那些营销专家总是说，苹果是在出售“一种全新的生活方式”。有趣的是，这些所谓的专家为什么不能用他们口中的“营销方式”复刻苹果的成功呢？更不可能成就一段经久不衰的奇迹呢？而且，他们口中的“生活方式”其实也间接承认了一点：有特定生活追求的人都会选择苹果。苹果没有发明生活方式，更没有贩卖生活方式，只不过提到它，有的人自然而然会把苹果和某种生活联系起来。这些人追求特定的生活方式时，需要特定的产品或者品牌，也正是因为他们的选择，我们能了解他们对生活的追求。换句话说，这些产品也是消费者的“为什么”，是他们的购买原因。苹果公司明确的“为什么”，吸引那些有着特定信仰的人去选择这个品牌。就像有的人喜欢哈雷戴维森的摩托车，有的人要穿普拉达的鞋，这是他们追求的一部分，是他们的生活方式决定的。这就好比公司的产品进一步证实了它的“为什么”，那么消费者选择某一品牌或者商品也是他们“为什么”的体现。

还有一些人误以为苹果的成功主要归功于它卓越的质量和新颖的产品，甚至一些苹果旗下的员工也会犯这样的错误。产品的质量当然很重要。不管“为什么”有多么明确，如果你的“做什么”不行，还是会一败涂地。话说回来，要想成功确实对产品有要求，但并不一定需要你家的产品是最好的。只要“为什么”明确，产品做得挺好就可以事半功倍。挺好和最好都是比较出来的，但前提是一定要有“为什么”，消费者才会拿这家公司的产品作比较。说到“挺好”，我们不禁会思考：好不好的评价标准是什么呢？法拉利F430就一定比本田奥德赛商务用车要好吗？也不尽然，这主要还是看你需要什么。对于六口之家来说，法拉利跑车再拉风，也只有两个座位，根本坐不开，但是如果你想开车找一段艳遇，奥德赛明显帮不上什么忙（当然了，并不是开跑车就会有艳遇）。所以说，我们首先要搞清楚“为什么”有这些产品，再去想“为什么”自己想要买。说起来，奥德赛是一款功能不错的厢式轿车，甚至有的地方真的超越法拉利，比如在续航里程方面，奥德赛有绝对优势，但是对于一心想要跑车的人，我绝不会推荐奥德赛。因为想要买法拉利的人看重的不是汽车的总体功能，也不会因为这些理由选择本田奥德赛。对于这些人来说，法拉利的某种功能更是锦上添花的东西，让他们更加珍惜自己的爱车。和这样的人讨论法拉利和奥德赛谁更好一些，是完全没有意义的。他们打心底偏爱法拉利，根本不能做到客观公正。有没有想过，买法拉利的人都愿意加价换一辆红色的跑车，而买奥德赛的人并不那么在意车的颜色，不是吗？

再回来说苹果，那些觉得苹果哪里特别好的人，都更愿意选择苹果，他们的话自然也无可厚非。因为在这些人眼里，苹果的某些特点满足了他们对电脑的要求。所以说，选择Mac的人，是和苹果公司有着一样信仰的人。正是基于共同的“为什么”，他们才如此执着地认为自己很客观，苹果就是好，和他们争论自然没有任何意义。更何况，孰好孰坏必须是基于一定的标准进行比较，不然哪种产品都有自己的优缺点，盲目辩白只会引发争论。对于品牌的忠实用户来说，很容易就能说出这个牌子的各种好处（不管这些好处对他们来说是否重要），来证明自己的选择是正确的。大概也是因为这点，很多公司都努力把自己打造得更加与众不同，好像只有这样的公司最后才会赢。其实它们都被误导了才会有这种错误的想法。有没有可能，不同群体的看法都是正确的呢？会不会苹果电脑更适合一部分人，而其他品牌的电脑更适合另一部分人呢？其实，问题的关键不在于谁略胜一筹，消费者需求不一样，选择自然不一样。因此在讨论优劣之前，我们真正要关注的，是每个品牌的“为什么”。

说到商品的优点，很容易就能激发人们的购买欲。要是再有充分的证据，达成一次交易并不难，可是想要打造忠诚的顾客，就没有这么容易了。发自心底想要购买一件商品和操控完全不一样，这种情况下，消费者可以明确说出这件商品的优势和自己选择它的理由。好的质量和功能固然重要，但是却不能像那些激励人心的领导者或者公司那样，让人心悦诚服想要追随。公司、品牌、产品或者个人的初心，即它们的“为什么”，才是提升顾客忠诚度的关键。

通向成功，只有这一条路

了解自己的“为什么”不仅能带来成功，还能让你一直走在革新的前沿，灵活应对各种变化，长期处于不败之地。然而，如果你的“为什么”模糊不清，就很难拉动销量、提升顾客忠诚度，更没办法激励大家，保持住最初的优势。之所以很难，是因为我们总会禁不住诱惑，为了一时的利益把操控当作营销的手段。操控之下引发的任何行为都是暂时的，从长远上看会带来难以弥补的损失。

我们不妨一起来看一下商务学习中的经典案例。19世纪末，铁路公司是全美最大的公司。铁路公司发展势头强劲，前途一片大好，甚至给美国社会都带来了变化，但是渐渐地，巨大的成功让它忘却了自己的“为什么”。铁路公司越来越执迷于“做什么”——认定自己就是一家铁路公司。这种狭隘的认知限制了铁路公司的运营决策——把自己所有的资金都投给了铁轨、轨枕和火车头。转眼到了20世纪初，一种新的交通形式应运而生，那就是飞机。飞机的出现让很多铁路公司都倒闭、破产。试想一下，如果当时它们对自己的定义不是铁路公司，而是放眼于公共交通运输，会不会有什么不一样？也许它们会有不一样的行为决策，也许能抓住某些发展机会，说不定还能掌控航空运输的命脉。

看到这里我们不禁会问，这些用“做什么”把自己禁锢住的公司，要怎么做才能有长远的发展？事实上，大多数这样的公司已经在一个行业或者领域墨守成规太久了，接受一种新的技术或者想法，对它们来说比登天还难。铁路公司的案例和我们讲过的音乐产业惊人地相似：面对日新月异的科学技术，它们都没能及时调整策略，适应改变。可是，有些产业明明做出了调整，却还是在走下坡路。比如，纸媒、传统出版商和电视产业都是这样，为什么呢？它们就好比曾经的铁路公司，搞不清楚自己的价值是什么，只能眼睁睁看着那些跨界的王者，抢占市场和客户。如果能明确自己的“为什么”，音乐产业方面的公司可能自己也会去研发类似 iTunes 的产品，绝不会给电脑公司这个机会。

总之，任何产业如果想适应新的变化，都必须回归自己的目的、初衷和信仰。不要再过多思考我们“做什么”，才能提高竞争。你真正应该问自己的是：我们是“为什么”开始做这一行的？或者根据当前的科技和商机，我们“做什么”才能找回自己的初心？当然了，这并不是我的观点，这一切其实早就刻在了我们的身体结构里。

第四章
我们的生物本能

现在，星肚史尼奇肚子上有星星，光肚史尼奇的肚子上空空荡荡。星星倒是不大，不说都根本注意不到。你可能也会觉得，这没什么大不了。偏偏这群史尼奇都很在意。老麦克猴从中看到了商机，带来了一台贴星机。他大声喊着："想不想给肚皮贴上一颗绿星星？只要 3 美元，就可以变成一只星肚史尼奇！"

1961 年，苏斯博士（Dr.Seuss）[1] 在《史尼奇及其他故事》中，讲述了一个荒诞的小故事。沙滩上住着一群史尼奇，有的肚皮上有颗星星，有的却没有。就是这么微小的一个差别，却让星肚史尼奇趾高气扬。光肚史尼奇做梦都想有颗星星，好融入所谓的高级群体里。为了达到目的，它们不惜一切代价，投入了一笔又一笔的资金。这正中了老麦克猴的下怀，它利用史尼奇的这种心理，靠着

1. 20 世纪卓越的儿童文学家、教育学家。

“贴星机”大赚了一笔。

苏斯博士总是能在幽默诙谐的故事中揭示深刻的道理。这群史尼奇所追寻的，一直以来都是人类的基本需求——归属感。归属感说起来似乎虚无缥缈，可是从古至今，任何种族和文化的人都在追寻着它。归属感是一种感觉，当周围的人能够认同我们的价值观或者信仰的时候，你就能找到归属感。这种感觉非常好，你感觉自己和大家紧密相连，十分踏实。这是人类基本的感情需求，我们都希望能获得归属感。

有的时候，我们能在不经意间收获归属感。比如，你肯定不认识自己家乡所有的人，但是当你到省外旅游的时候，碰到老乡总会觉得格外亲切。又如，在家乡时，周围的人大多数都来自同一个地方，但是当你身处异国他乡时，要是能碰到一个和你来自同一个省的人，就会觉得你们之间有种特别的感情。我还记得自己去澳大利亚旅游的经历。有一天在大巴车上，我听到了熟悉的美式口音，不自觉地就和这帮来自同一个国家的人聊了起来。就是简单几句，让我感觉异常亲切，我们发音相同，也都能明白对方说的俚语。独在异乡，一时间孤单的我就找到了归属感，虽然了解不多，却很信任这些和我来自同一个国家的陌生人。而且，在之后的旅行中我们一直都搭伴同行。不管我们身处何地，都愿意和有着共同价值观和信仰的人在一起。

我们之所以这么做，不是因为谁的观点，而是生理决定的。

我们对于归属感的追求是如此地执着，以至于很多时候愿意做一些不合常规的事情，花更多的钱，就是想找到这种让你安心的感觉。我们就像书中的史尼奇，希望身边的人或者组织有着和自己同样的信仰。所以，当一些公司宣传它们的产品多么先进的时候，我们也许会被吸引，却找不到那种归属感。但是，如果一家公司能明确展示出“为什么”，我们就能知道这家公司的信仰。如果这信仰和你的价值观吻合，我们甚至愿意多付出一些，让这种产品或者品牌进入自己的生活。当然了，这些产品不一定更好，却是我们价值观和信仰的体现。这类商品或者品牌给了我们归属感，甚至同品牌的使用者之间都有了一种紧密的联系。通常情况下，很多品牌的应援会都是消费者自发成立的，品牌方都不会参与。这些来自不同群体的人通过线上或者线下的形式聚集到一起，不仅是为了探讨自己喜欢的商品，更是为了和自己志同道合的人在一起。他们的选择和品牌甚至产品的关系并不大，这些选择是每个个体发自内心的决定。

我们需要归属感，也对自己的格格不入十分敏感。难以融入同样是一种感觉，它深压在我们的心底，难以用语言形容。但是你就是能感觉到有的很合适，有的就是不合拍。打个比方，戴尔卖 MP3 听上去就让人难以接受，因为它对自己的定义就是电脑公司，我们自然觉得戴尔就属于电脑生产商的范畴。而苹果给了自己一种使命感，所以它所做的一切，只要不违背初心，就让我们觉得很合适。2004 年，苹果和爱尔兰摇滚乐队 U2 联名出品了一款 iPod，这两者的搭配就让人很舒服。但是其他的歌手，比如席琳·迪翁（Celine Dion），虽然她专辑销量更好，粉丝团和 U2 比也更为庞大，但苹果绝对不会和她发行联名款 iPod。因为 U2 和苹果有着共同的价值观和信仰，他们都喜欢打破樊篱、不拘一格。哪怕席琳·迪翁多么受欢迎，和苹果联名就是感觉不搭。

相信看了苹果那条经典广告——“我是苹果用户，而他是普通电脑用户”，品牌的支持者更明确了自己的定位。在广告中，苹果用户是穿着牛仔裤和 T 恤的年轻人，他充满活力和幽默感，开着“体系”的玩笑。而苹果公司则把普通电脑用户演绎成了一个年龄更大、穿着正装、呆板无趣的人。要让自己符合 Mac 用户的形象，我就要成为广告中的样子。面对这种广告营销，微软也不甘示弱。在微软的广告中，普通电脑用户成了各行各业中的一分子。普通电脑用户的形象更为丰满了，包含教师、科学家、音乐人和儿童，都在广告中使用着微软程序的电脑。整个广告也非常符合微软的实际情况，作为主要的电脑系统供应商，微软的市场份额占到了 95%。你要和大家一样，才能成为其中的一员。两种电脑没有好坏之分，完全看你觉得自己属于哪个群体。你是想离经叛道，还是愿意随波逐流？

那些善于表达自己信仰的领导者和组织，总是很吸引人。他们能让我们找到归属感，感觉自己很特别的同时，又找到了安全感，因为此时的你不再孤单。他们之所以可以激励大众，大概也有这方面的原因。因为这些领导者都使人感觉很亲切，让我们愿意忠于他们、维护他们。不管是组织还是个人，他们的追随者之间也有一种特殊的感情和联系。选择苹果的人是这样，选择哈雷戴维森的人也是这样。还有马丁·路德·金演讲《我有一个梦想》时，台下那千千万万的男女，不管他们的种族和宗教是否不同，都为了同样的价值观和信仰聚到了一起。他们发自肺腑地和自己的团队情同手足，同舟共济。

发自心底的决定源自哪里

黄金圈法则不仅揭示了信息交流中的先后顺序，还体现了人类在不断进化的过程中，有哪些具体的行为。“为什么”的力量不仅是一种观点，更是生理决定的。看看大脑的截面图，你会发现黄金圈法则正好对应了我们大脑中最重要的三个结构。

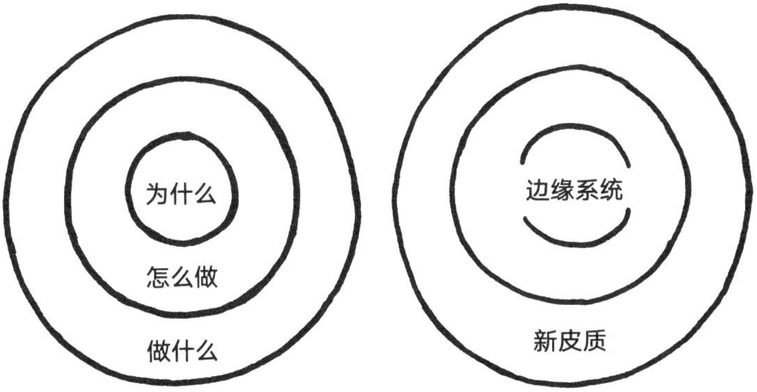

位于最外层的新皮质比古皮层形成得更晚，是进化程度较高的大脑皮质，对应着黄金圈法则中的“做什么”。新皮质的主要功能和空间推理、意识及人类语言相关。

中间的两个结构组成了大脑的边缘系统。边缘系统控制着我们的情绪和感受，比如信任和忠诚，对应黄金圈法则中的“为什么”。它还能参与人的行为和决定，不过边缘系统和我们的语言能力不挂钩。

如果你在沟通的时候，是从黄金圈法则的外面开始，先说“做什么”，确实能提供大量负责的信息，也能列举出事实和特征，却不能激发人们的行动。但是如果你从最里面的“为什么”开始，就能直击大脑中负责决策的区域，负责语言的新皮质则会想方设法让这些决定变得合理化。

大脑中控制情绪的边缘系统没有语言方面的能力，因此，当我们想要表达自己的情感时，总是很难形容出来。打个比方，很多人都说不上来，自己为什么选择和现在的伴侣结婚。我们努力想用言语说明自己是多么爱对方，说来说去都是为了给婚姻找理由。“他很有趣、很聪明。”很多人都会这么说，但是放眼望去，这世界上有那么多有趣又聪明的人，可是我们却没有选择那些人，更不会和他们结婚。所以，两个人不会单纯因为欣赏对方的性格和能力而坠入爱河。我们的理智告诉自己，这个理由并不是你选择他的原因。你会和他在一起，是喜欢在一起的感觉，但是那种感觉却无法用言语形容，所以一旦有人问起，你只能顾左右而言他。“他让我的人生变得完整。”有的人可能还会套用这句经典台词。但是仔细想想，这句话是什么意思呢？你怎么能找到这个人，嫁给他呢？爱情就是这么奇妙，你不知道爱是什么，只有“感觉对了”，才知道爱情来了。

其他的决定也是一样。你就是觉得应该这么选择，却不知道怎么解释选择的原因。这同样是因为，我们大脑中负责决策的区域没有语言功能，我们只能再找理由让它合理化。所以，投票和市场调研的成果也有待商榷。让消费者自己来讲述选择的原因，确实能给我们一些指导，但是却不能说明他们真正的动机。其实说来，人们都知道自己做出选择的原因，只是不知道怎么表达明白。毕竟，大脑中两个区域分别掌管着做决策和语言阐述的能力。

所以，我们说的“发自心底”，其实是源自你的大脑。你就是觉得它是对的。而我们做决定的时候，和自己的胸腔一点儿关系也没有，完全是边缘系统决定的。另外，你总是“感觉”应该这么选择，也并非偶然，因为负责决策的边缘系统，也掌管着我们的情绪和感受。不管你的决定是“发自心底”还是“发自肺腑”，都是边缘系统所控制的，和其他身体部位没有任何关系。

我们的边缘系统十分强大，有的时候甚至会挣脱理性分析，做出完全不符合逻辑的决定。有的时候，哪怕事实和数据摆在眼前，你还是选择跟着感觉走。著名的神经学家理查德·雷斯塔克（Richard Restak）在他的著作《赤裸的大脑》（*The Naked Brain*）中指出，如果一个人必须基于大脑中的理性部分来做决定，他肯定会“思虑过多”。而且，理性决定虽然需要更长的思考时间，却往往质量不高。与之相比，边缘系统做出的决定，即我们发自心底的选择，不仅快捷，还不容易出错。大概也是因为这个，老师总是教导学生在做单项选择题的时候，相信自己的第一直觉。很多时候，我们想的时间越长，越有可能做出错误的决定。我们的边缘系统十分聪明，通常情况下都能准确判断。只不过很多时候，我们不知道怎么把原因说明白，所以才开始怀疑自己，宁愿相信实证，也不敢跟着感觉走。

我们可以回想一下自己购买电视的场景。你站在通道中，听着电视销售行家给你分析液晶显示屏和等离子显示屏的区别。推销员把两种电视的区别和好坏都说了，但是你还是不知道哪个最适合你。就这样逛了一个小时，你还是不知道买哪台电视。信息量太大，一时间你难以抉择。最后，你终于做出决定，但是直到交了钱走出电器城，你还是心存疑虑，担心自己选得不够好。之后你去朋友家做客，发现他买了另一款电视。听他一直叨叨这台新电视多么地好，尽管你也不知道自己买的到底是不是更好，心里还是会别扭，你越来越纠结："难道我不该买这台电视？"

很多公司没有把"为什么"讲出来，导致我们在做决定的时候，只能通过实证来判断。也正因为如此，我们总是要绞尽脑汁比来比去，想半天才做决定，但是哪怕是这样，还是会对自己的选择心存疑虑。这正中了那些操控手段的圈套：利用我们的欲望、恐惧、疑虑或者美好的愿景大做文章。我们不得已做出决定，内心没有该有的欣喜和激动，这都是因为一点——公司在销售过程中，只提供了事实、数据、功能以及自己产品的优势，却没能告诉消费者"为什么"。

让人们动心的不是"做什么"，而是"为什么"。不能明确传达自己的“为什么”，只会让人们感受到更多的压力和疑虑。相比之下，那些选择Mac电脑或者哈雷戴维森摩托车的人就不用想这么多，也不用问来问去，比较哪个牌子更好。他们十分明确自己要选择什么，如果说稍有纠结，也是在想具体要选择苹果或者哈雷旗下的哪一款产品。到了这时候，那些功能、优点、事实和数据才变得重要起来，但是这些不足以让消费者心甘情愿掏腰包，更不会提升他们对品牌或者公司的忠诚度。在上面的例子中，人们是根据黄金圈法则，从内到外做的决定。他们先从“为什么”开始——这也是我们在决策过程中不可或缺的感情因素，然后才从理性的角度去阐述自己的原因。

这就是我们平时所说的，是“赢了心还是赢了头脑”。我们的心代表着边缘系统，也是负责情感和感受的区域。头脑则指的是大脑中负责语言和理智的新皮层。很多公司都能轻易算计过我们的头脑，只要多一些功能和优势，自然就让人觉得好，但是想要赢得我们的真心，就没那么容易了。各大品牌都想获得消费者“全心全意”的支持，这种说法绝非偶然，而是讲出了决策的正确顺序，是从我们的心，也就是边缘系统开始。不然的话，怎么没人说过“全意全心”呢?

想要赢得人心，不是件容易的事情。需要讲艺术，还需要科学支撑，两者达成必选的平衡。这里先讲艺术，再说科学，也并非偶然。为什么艺术必须在科学前面呢？也许这是边缘系统给我们的暗示，尽管它没有语言能力，却暗示我们想要掌握领导的艺术，需要跟着自己的内心走。大脑似乎在用这种微妙的方式，教导我们从“为什么”开始。

没有了“为什么”，决策过程会变得异常艰难。不知道怎么办才好，我们才会去从科学层面查数据，好找个答案。有的公司可能会辩解，他们是应广大消费者的要求，才选择从“做什么”或者“怎么做”开始的。数据确实能告诉我们相关产品的质量、服务、价格和功能，但是，鉴于我们大脑中掌管决策的区域不能解释清楚自己的决定，商家应该给予大众他们最需要的信息。可惜的是，很多时候，哪怕商家给了消费者想要的，销售额和顾客忠诚度还是没有显著的提高。针对这一点，亨利·福特的总结十分精妙，“如果去问人们想要什么，他们肯定会说要一匹跑得更快的马”。

这就是领导力。好的领导者和组织都富有真知灼见，想人之未想，提前就准备好了我们想要的。电脑市场革命的时候，没有用户想过使用图形界面，苹果却想到了。航空业竞争日趋激烈的时候，没有乘客想到能有航线短、价格低、密度高的航班，美国西南航空却做到了。水深火热的年代，大多数人都希望国家能为自己做点儿什么，又有多少人在想办法，我要怎么做才能拯救自己的国家？约翰·肯尼迪就是带着这个信念，开始了美国总统的执政生涯。成功的领导者都相信自己内心的感受。他们先掌握了艺术，然后再攻克科学，所以他们总能先赢得人心，再收获大众头脑的追随。这些人无一不是从“为什么”开始的。

我们每天都做着不同的决定，其中大部分都是跟着感觉选择的答案。仔细想想，你是不是很少会为了做一个决定，把所有信息和事实都罗列到一起进行比较？而且我们大可不必这么费心费力，只要自己足够确信就可以。“我做决定只需要 30% 的信息，”美国前国务卿科林·鲍威尔（Colin Powell）曾说过，“没有什么需要超过 80% 的信息量。”我们并不需要掌握所有的事实和数据，只要达到一定程度，就足以相信自己的判断，或者跟随周围人的脚步。有的时候，你可能觉得自己没有办法做出一个足够好的决定。所以，当旁边的人偷偷拧你的胳膊，鼓动你做出违背心意的决定时，我们都会感觉（又是感觉）不舒服。大到选举投票，小到买洗发水，我们都是追随自己的内心做选择。做出决定后，生理结构让我们难以用语言描述出原因，就只能通过一些更容易捕捉的因素来解释自己的选择，比如某一品牌的设计或者服务。正因为如此，我们总是高估了价格和功能的重要性。这些因素当然很重要，它们实实在在，能为我们的选择提供依据，但是很难鼓励我们采取行动，帮助我们找到自己的方向。

重要的是你看不见的品质

“白色更洁白，彩色更明亮”，我们总能在电视上看到类似的洗衣粉广告。多年以来，这一直都是衣物洗涤业的价值主张。这个表述合情合法。而且，多年的市场调研也进一步证明，这就是消费者想要的。数据确实没错，但是人们想要的不止这些。

问卷调研的过程中，问到消费者他们希望洗衣粉能“做什么”，大家的回答也确实是“用过之后白色更洁白，彩色更明亮”。其实想一想，这些调研也没有什么特别的发现。谁用洗衣粉不是希望自己的衣服能洗得特别干净呢？因此，各大洗涤品牌想脱颖而出，就要从“怎么做”下手，让消费者觉得自己的产品中有什么特殊成分，能够让白色衣服更白，彩色衣服更亮。有的说洗衣粉里含蛋白，有的声称加了提亮护色成分，却从来没有人想过为什么大家都想要衣服变得更干净。直到很多年以后，一家包装公司雇用一组人类学家展开研究，才揭开其中的奥秘。原来，洗衣粉里面的特殊成分并不能带动消费。研究发现，人们洗完衣服后，根本不会拿到亮的地方去观察衣服到底洗得多干净，更不会去和新的比较哪个颜色更鲜艳。衣服烘干后，人们做的第一件事是去闻它的味道。这个发现意义重大。对于大众来说，感觉干净了和实际很干净是两码事。因为所有人都觉得用了洗衣粉，衣服就会干净，毕竟洗衣粉就是用来清洗衣物的，但是洗涤过后那种干净、清新的味道，会让人觉得清洗后的衣物焕然一新。这对于大众来说，远比洗衣粉成分中的细微差异更重要。

一个错误的猜想，让整个行业跟着白忙活的例子还有很多。比如，手机公司都觉得用户想要更多的选项和按键，直到苹果手机问世。苹果手机不仅选项少，连按键都只有一个。德国的汽车制造商总觉得只要汽车的机械构造和设计够好，抢占美国市场绝对不成问题。当这个方法不奏效的时候，他们一个个都目瞪口呆、不知所措。到最后，这些豪车品牌不得不向现实低头，纷纷在汽车上加了杯座。这个看似不起眼的小细节，对于每天开车到处去的美国人来说却十分重要。但是，在任何关于汽车销售的调研里，都不会有人提到杯座会影响人们买车的决定。当然了，我并不是说有了杯座，人们才喜欢宝马车。我想说的是，不管我们买车的时候多么理性分析，总有看不到的地方影响着我们的决定。

大脑的边缘系统十分强大，不仅能掌管我们发自心底的决定，还会影响我们的行为，让我们做出一些看似毫无逻辑、不合常规的事情来。比如，离开安逸的家去远方冒险；穿越大洋去探究彼岸的世界；明明没有启动资金却放弃自己的铁饭碗，在地下室里创业，等等。面对别人这样的选择，我们很可能会说："这么做太傻了，你疯了吧。你到最后很可能一无所有，你可能会遇到危险而丧命。你想什么呢？"这些决定不合逻辑，也没有事实支撑，但这些是我们的希望和梦想，我们全心全意、发自心底想要去尝试、去感受不一样的人生。

如果我们都那么理性，这世上就不会有小公司，也不会有人去探索创新，更不会有伟大的领导者激励我们前行。所有的创新都要有内在信仰的支撑，你要想获得更多、想做得更好，才能更进一步。但是与此同时，负面的情绪比如怨恨和恐惧也会触发我们的行为。不然，为什么会有人处心积虑去陷害那些自己素未谋面的人呢？

令人费解的是，很多市场调研都曾指出，要想达成交易，就一定要给客户提供顶级质量的商品、完备的功能、一流的服务和低廉的价格，但是大众追随的品牌并不具备这些特征。打个比方，要想定制一辆哈雷的摩托车，需要等六个月才能发货。这已经很不错了，以前都要等一整年。这种服务够差劲了吧？苹果的电脑呢，比一般的笔记本电脑贵四分之一，而且苹果的系统还和很多软件不兼容，周边产品也少，甚至有的时候，运行速度都比不上同价位的笔记本。要是理性判断，在购买之前做足了研究，恐怕没有人会选择 Mac，但实际上，很多人不仅选择了 Mac，还非常喜欢这款电脑——发自心底的喜欢，或者源自边缘系统的喜欢。

我们身边都有苹果的死忠粉。要是问他为什么这么喜欢 Mac 电脑，没有人会回答“因为我总喜欢新鲜，喜欢改变，也希望自己身边的人、产品和品牌和我有着一样的理念”。从人体构造上讲，这确实是他们做决定的内在原因，但是决定是边缘系统控制的，边缘系统没有语言能力。所以他们只能找理由，让自己的选择听上去合情合理，“我喜欢苹果的用户界面、简洁设计和一流的质量。而且，我也是个有创意的人”，但是实际上，苹果粉的忠诚，更是对于自己的死心塌地。他们的选择无关于苹果，而是起源于自己。

在苹果工作的人也是一样。哪怕员工自己，也讲不明白选择在苹果工作的原因。对于他们来说，工作“做什么”正体现他们的

"为什么"。员工也会对苹果的质量深信不疑，觉得这是公司成功的原因。其实在每个人的心底都希望能找到属于自己的团队，成为创造辉煌的一分子。忠诚的员工和苹果粉一样喜欢革新。更多的奖金和红利也不足以让苹果员工转战戴尔，就像面对返现和回扣，苹果粉也不会选择其他品牌，有的甚至多花两倍的价钱也在所不惜。这无关逻辑，完全是信仰使然。所以说到苹果的企业文化，总有几分狂热的追随。苹果不仅有旗下的产品，更包含着人们对一份事业的忠贞，这就是他们的信仰。

还记得本田和法拉利的例子吗？一件产品不仅是制造商信仰的化身，更是忠诚的消费者信仰的体现。再打个比方，很多苹果电脑的用户在候机时，都会打开电脑让周围人看到自己在用苹果，因为这就是他们身份的体现。看到电脑盖上闪着光的苹果标志，人们就能了解他是一个怎样的人、他怎么看待这个世界。要是打开的电脑是惠普或者戴尔，有人会注意到吗？当然不会！连用这些电脑的人都不会在意。惠普和戴尔都搞不清楚自己的"为什么"，对用户来说自然没有其他的寓意。对于这些品牌的用户来说，不管电脑运行是快是慢、配置是高是低，都和他们的目的、初衷、信仰扯不上关系，这就是一台普通得不能再普通的笔记本。更何况，你只有在打开戴尔笔记本时，才能从正面看到它的标志，其他人看来这几个字母完全是反的。

那些有着明确"为什么"的产品，包含着用户独特的个性以及内心的信仰。记住，让人们动心的不是“做什么”，而是“为什么”。如果一家公司连自己的“为什么”都搞不清楚，人们提到这个牌子，就只能想到它是“做什么”的。一旦沦落到这个境地，想要让产品崭露头角，就只能通过改变价格、功能、服务和质量来操控消费者。到头来，只会付出更惨重的代价。

第五章
力量蕴含在均衡当中

自然万物，生命强大。大自然致力于让整个世界趋于平衡，好让万物繁衍生息。如果有什么生命受到威胁，比如森林大火，大自然也会孕育新的生命来弥补缺失。生态系统中各种动植物和微生物之间由于摄食关系而形成的食物链，就是大自然维持平衡的一种方式。我们讲的黄金圈法则，也深深植根于生物学的奥妙之中，处处追求着平衡，所以一旦“为什么”缺失，平衡状态就会被打破，操控也跟着盛行。在充斥着操控的市场中，买家需要面临更多的不确定因素，这种动荡给买卖双方都会带来巨大的压力。

从“为什么”开始只是我们的起点，想要让自己拥有鼓舞大众的权利和能力，不管是个人还是机构，需要做的还有很多。要想让黄金圈法则发挥作用，我们首先要守平衡、讲顺序。

“为什么”要够明确

首先，我们必须明确知道你的“为什么”。既然让人们动心的不是“做什么”，而是“为什么”，那么如果你都不知道自己“做什么”是“为什么”，别人又怎么能知道呢？如果作为领导，自己都说不清除了产品和服务之外，自己的公司“为什么”能继续运行，员工怎么可能知道他们“为什么”愿意在这里工作？如果作为政客，自己都讲不明白除了“服务大众”（进入政界的基本标准），自己“为什么”要谋求公职，选民又怎么知道“为什么”要支持他呢？操控确实可以在一定程度上改变选举结果，却无法成为真正的领导者。因为领导需要人们心甘情愿地追随。而要成为一个能激励大众的领导者，不能纠结于当下，而要放眼于未来，要有明确的“为什么”。

“怎么做”要讲原则

知道了自己“为什么”要“做什么”，下一步的问题就是“怎么做”。“怎么做”是你价值观和准则的集中体现，它们会指导你“怎么做”，帮你把目标转化成现实。我们“怎么做”都深深植根于机构的流程和文化的体系之中。我们要知道自己“怎么做”，更重要的是，在统一的规则之下带动全体员工一起做，充分发挥每个人的潜力，让团队的力量最大化。明白“怎么做”能给我们强大的力量，帮助我们找到合适的员工或者合作伙伴，让公司发展蒸蒸日上。

说来真是讽刺，对我们来说最重要的问题——你的“为什么”，尽管很难描述，却又很容易找到答案（后面章节中我们会详细讲到）。相比之下，制定“怎么做”的行为原则，好让自己不忘初心、不走歪路，着实是件难事。而且，我们总喜欢找一些励志的名词短语当作座右铭，写在墙上激励自己，比如正直、诚实、创新、沟通。但是名词就是对某种品质的陈述，它们不能提供行动指南，更不能构建规章体系，形成奖惩体制。让人们遵照名词传达的精神去做事情，几乎是不可能的。

“今天多创新一点儿，鲍勃。”这话听上去让人摸不着头脑。而且，如果你在墙上贴上“诚实”两个大字，只能说明你有更严重的问题。

行之有效的价值指导和行事原则必须都是具体的行为动词。不能说“正直”，应该说“做正确的事情”；不要说“创新”，改成“从不同的角度看问题”。把我们的价值观用具体的行为动词表达出来，能让大家都更清楚明了——在不同情况下要怎么做。我们要遵循这些原则，衡量自己的行为，同时还可以围绕行事原则制定奖罚措施。告诉员工要“正直”，不能保证他们做所有决定的时候，都从客户或者消费者的利益出发；告诉员工“做正确的事情”却可以。我非常想知道三星集团在制定返现策略，拒绝给住在公寓里的人相应购买优惠的时候，他们的原则是什么，把什么贴到了墙上。

黄金圈法则告诉了我们如何取得长远的成功。既然要从长计议，就必须甘心投资，愿意短期付出。因此，我们要讲行事原则，才能更好地专注于自己的“为什么”，守住自己的初心。

“做什么”要相贯通

我们所说、所做的一些，都是自己信仰的体现。“为什么”其实很简单，就是我们的信仰。与之相比，“怎么做”是具体的行动，能帮我们把信仰转化成现实。而最后的“做什么”，则是行动后的结果——你的所说、所做。你的产品、服务、营销、公关、企业文化和公司员工都是“做什么”的一部分。既然让人们动心的不是“做什么”，而是“为什么”，那么这两者之间必须相互贯通。只有把你的“为什么”贯穿到“做什么”之中，才能明确传达出你的信仰，打消人们的疑惑。毕竟，我们生活在有形的世界中，要想让人们明了你的信仰，就要通过自己的言行明确传达出来。言行和信仰不能融会贯通，自然没人能搞明白。

“做什么”是检验真实性的试金石。在商界和政坛，似乎总能听到“真实性”这个词。每个人都诉说着“真实”的重要性。“必须足够真实。”专家总是说，“所有数据都显示，人们更信赖真实的品牌。”“大家都会给真实的候选人投上一票。”可问题是，这种话只能让人一头雾水，不知道怎么做才好。

难道你会走到别人的办公室里，对他说“从现在开始，让我看到更真实的东西”？或者说会有哪家公司的董事长教育下属，“把你手头的营销策略做得更真实一些”？一家公司到底要怎么做，才能让它的营销或者销售更真实呢？

面对这个问题，大多数公司的做法着实有趣。它们干脆直接去问消费者，到底怎么做会让人觉得更真实？这种研究和做法完全本末倒置。怎么提高自己的真实性，不能从别人那里得到答案。因为真实性意味着你知道要怎么做。政客要说什么才能更真实？领导要怎么做才能更真实？这都离不开他们的“为什么”。搞不清自己的初心，再怎么指导也是徒劳。

你的真实代表着个人黄金圈的平衡，即你的所说、所做是自己所信奉的，是和“为什么”融会贯通的。这不仅适用于管理层，也适用于所有员工。想要真实需要你做到这一点。苹果公司从上到下都相信自己最初的电脑和 Mac 能打破 IBM DOS 系统称霸市场的局面，也相信 iPod 和 iTunes 能改变音乐产业的现状。我们了解苹果的“为什么”，我们相互理解、与之共情，自然觉得这个品牌很真实。与之相比，戴尔推出 MP3 和 PDA 掌上电脑的时候，只是想打开小型电子产品市场，却没有让大众了解它的“为什么”。所以在大众看来，戴尔只是想着增加市场配额，好让自身利益最大化，对于它的信仰、它的初心我们一无所知，自然觉得戴尔不够真实。这并不是因为戴尔自身的能力问题，以它的技术和资金，完全可以生产出优质的产品，但是戴尔的“为什么”不够明确，想要拓展市场自然更加困难，成本也更加高昂。好的产品质量和影响策略并不能为公司的成功上保险。成功离不开真实性，而没有明确的“为什么”，就没有真实性。

如果你问一位好的销售，怎么做到业绩惊人，他们都会告诉你，当你相信自己的产品足够好的时候，顾客也会心动。信仰和销售之间有什么关系呢？说起来也很好理解，如果销售对自己的产品有信仰，他们的每句话都是真实的，热情也会很自然地从话语中流露出来。说起来，所有成功的销售组织，都是靠这种发自心底的真实和客户建立的关系。关系打通了，信任自然也有了，接踵而来的就是客户的忠诚。缺乏真实性，黄金圈就会失去平衡，自然没有办法建立联系、取得信任。这时候，只能回到最初的起点，和其他公司一样依靠价格、服务、质量和功能提升销量。这还不算最糟的，有的公司会因为没有真实性，而使用操控手段，妄图通过降价、促销、同辈压力、恐惧心理来吸引消费者。这么做有效果吗？短期来说还可以，长此以往，必将代价惨重。

想成功确实不一定要提高真实性，但是要想持续领先，真实性不可或缺。而要找到真实性，又要回归到自己的“为什么”。真实是指你的所说、所做都是自己所信奉的。所以，要是不知道自己的产品或者公司“为什么”存在，只知道它是“做什么”的，又怎么能保证你的所说、所做和自己的信仰融会贯通呢？没有“为什么”，再怎么忸怩造作也不可能佯装真实。

正确的顺序

明确了自己的“为什么”，找到了与价值观相符的行事原则，让所说、所做与信仰融会贯通，最后要做的，就是让这一切有序进行。我们可以参考之前苹果的营销案例，只要重新排列一下信息的顺序就可以了。先讲“为什么”，效果会特别不一样。“做什么”确实很重要——它们为“为什么”提供了依据——但是首先要讲的还是“为什么”，因为这是一切的前提条件。书中讲到了许多案例，你会发现不管是领导力、决策能力还是交流能力，都要从“为什么”开始，才能取得长远且有效的结果。从“为什么”开始，才能激励人们开始行动。

不知道“为什么”，就搞不清“怎么做”

罗林·金（Rollin King）本是圣安东尼奥（San Antonio）的一个商人。他不满于现状，想要效仿太平洋西南航空（Pacific Southwest Airlines）在加利福尼亚的做法，让得克萨斯州也能有短程航班，在达拉斯市（Dallas）、休斯敦（Houston）和圣安东尼奥三市之间往返。那时的罗林·金刚打完旷日持久的离婚官司，他找到自己最信任的人——酒不离口、烟不离手的离婚律师赫布·凯莱赫（Herb Kelleher）来帮助自己梦想成真。

金和凯莱赫完全不同。金精打细算，出了名的粗鲁，不好对付；凯莱赫则是个场面人，很招人喜欢。一开始的时候，凯莱赫觉得金的想法愚蠢至极，但是经过一晚上的交谈，金用自己的愿景成功说服了凯莱赫。凯莱赫不禁心受鼓舞，也想加入进来，这才有了西南航空公司。直到 4 年后，才有了达拉斯拉夫菲尔德机场（Dallas Love Field Airport）到休斯敦的第一趟航班。

说起来，低廉的航班并不是西南航空公司首创的。太平洋西南航空才是这一领域的先驱，西南航空甚至连名字都有抄袭的嫌疑。除此之外，西南航空也没有先发制人的优势，在它们之前，布拉尼夫国际航空公司（Braniff International Airways）、得克萨斯国际航空（Texas International Airways）和美国大陆航空（Continental Airlines, Inc.）已经抢先进入了得克萨斯州的市场。它们之间竞争激烈，谁也没有要退却的意思。但是，西南航空并不是要打造一家成功的航空公司，而是要成就一番伟业，航空恰巧是合适的行业。

20 世纪 70 年代，只有 15% 的人在旅行中选择乘坐飞机。这么小的配比，已经让很多人敬而远之，根本不敢和那些航空巨头竞争。但是西南航空从来没有想过要去和谁抢那 15% 的客户，它的目标是剩下那 85% 的商机。如果要问那时的西南航空在和谁竞争，公司上下一定会告诉你“我们的对手是汽车和大巴”。这句话的潜台词是“我们是为大众打造的航班”。这就是他们进军航空市场的初心，是西南航空的目标、信仰和存在的原因。西南航空没有找价格高昂的管理咨询公司，完全是借助其他航空公司的经验，研究出自己“怎么做”的策略。他们的行事原则和价值观完全出于自己的“为什么”，一切是如此顺理成章。

再回到那个年代，坐飞机是件奢侈的事情。西南航空想要真正成为大众的航班，价格上必须足够低廉。这是它的首要任务。那个年代，能坐着飞机出游的，都是精英阶层——飞机上的人都系着领带——要想成为大众的航班，西南航空也要更加活泼有趣。这也是它的首要任务。那个年代，买飞机票有各种名目，航班时间不一样，价格差别也很大。西南航空需要让票价变得简单明了。这同样是它的首要任务。最后，西南航空的票价只有两种不同价位：夜间价格、周末价格，以及工作日日间价格。

价格低廉、活泼有趣、购票简单，西南航空就是这么做的。它实现了自己的愿景，成为大众的航班。西南航空的一言一行——从产品到员工，从企业文化到营销策略——无不体现了公司成立的初心。“想去哪里，就去哪里”，这是西南航空的广告词，它不仅仅是一句宣传语，更是西南航空致力于完成的事业。而这份事业，需要更多人的追随。那些可以和西南航空共情的人，也就是美国千千万万个普通人，除了昂贵的航空公司，又有了新的选择。和西南航空有着同样信仰的人，自然成了它忠诚的客户。他们选择西南航空，因为它似乎很懂自己，不仅说出了自己的心里话，还勇敢为自己发声，但是最重要的，是因为乘坐西南航空的同时，他们找到了自己的归属感。客户的忠诚度和价格无关，低廉的票价只是一种途径，帮助西南航空实现自己的愿景。

美国西南航空公司前总裁霍华德·普特南（Howard Putnam）总是爱讲这么一个故事：某次活动之后，一家大公司的高管对他说，每次公务出差他都乘坐大型航空公司的航班，这是公司的硬性要求。尽管长时间下来，他已经积累了不少里程，而且自己也不缺钱，但每次自己或者家人一起出行，还是会首选西南航空。“他更喜欢西南航空。”每次讲到这儿，普特南的脸上都难掩笑意。西南航空的票价确实相对比较低，但这并不意味着只有经济上不太富裕的人才会选择它。西南航空通过票价让大众更加明了它的信仰。

西南航空成了业界的神话。它从“为什么”出发，在“怎么做”方面严格按照自己的原则行事，才成就了美国史上盈利最高的航空公司。西南航空经历了“9·11”事件，也挺过了20世纪70年代及千禧年初的石油危机，它不仅没有倒下，还能保证每个月都没有亏损。它所说、所做的一切都是如此真实，金和凯莱赫在创立时的梦想一直是西南航空的追求，他们的初心从未改变。

又过了三十年，西南航空的发展让美国联合航空（United Airlines）和达美航空公司（Delta Air Lines）纷纷眼红，它们也想开发低价航班，从中分一杯羹。“我们也得这么做。”这些航空公司都在想。2003年4月，达美航空公司推出了低价的航空业务——宋（song）。不到一年的时间，美国联合航空也推出了相应的平价替代——泰德（ted）。这两家公司无疑都是在模仿西南航空“怎么做”。宋和泰德的业务价格低、活泼有趣、购票简单，所有搭乘过这些航班的人也都觉得很不错，几乎完美复刻了西南航空，但是最终，这些都失败了。

美国联合航空和达美航空公司都是航空界的元老，它们完全有资质拓展业务、占据市场、抓住商机。它们在“做什么”方面都没有问题，但是却没有搞清楚这些新业务“为什么”存在。说不定，这两家公司的航班比西南航空的还好，但是又有什么意义呢？当然了，也有人选择乘坐宋或者泰德，有的时候人们就是需要出行，选择谁都差不多。你能刺激别人去选择自己的品牌，却不能收获忠诚的顾客。说到底，还是不能从根本上解决问题。没有明确的“为什么”，你的产品还是无差别商品，大众的评判标准就也仍然是价格低、够方便。要吸引消费者，你只能借助操控的手段，但是这么做代价惨重。美国联合航空进入低价航空市场仅仅 4 年，就受挫退出。达美航空公司自新业务首发到终止，也是差不多 4 年的时间。

妄想依靠“做什么”和“怎么做”让自己脱颖而出，真是大错特错了。产品质量好、功能全、服务到位、价格合理并不算特别，自然也不能百分之百带来成功。想要别具一格，“为什么”和“做什么”才是关键。西南航空绝对不是全球最好的航空公司，也不是最便宜的。它的飞行路线没有同类竞争者多，而且只做国内航班。西南航空并没有一直在“做什么”方面保持优势，但是它却有着明确的“为什么”，而且在“怎么做”的每个步骤和原则上，都和自己的“为什么”相互贯通。诱惑人心的方法有很多，但是如果要收获忠诚，必须能真正激励人心才可以。当你的“为什么”够明确，而大众的信仰又和你的初心相吻合的时候，自然会收获一批忠诚的客户。

操控和激励本质上的不同

操控和激励都会触动边缘系统。毒鸡汤、恐惧和同辈压力，都会诱发我们不合理的欲望，或者利用我们的恐惧心理影响我们的决定。但是，当我们的情绪足够深入，能超越自己的不安、迟疑或者梦想的时候，情绪反应才会和我们对自己的看法联系到一起。也就是在这种情况下，我们不仅仅是被鼓动，而是深受激励。感受到激励，我们的决定也会自然而然和自己联系起来，产品自身和生产公司也就没那么重要了。

感觉自己的决定是正确的，人们往往愿意花更多的钱，甚至付出更多的艰辛，就是为了得到心仪的商品或者服务。这和价格或者质量都没有关系。价格、质量、功能、服务固然重要，但这些只是当代商品市场的门槛条件。要触动边缘系统有了发自心底的感觉，才能收获忠诚的客户。那些伟大的领导者，不管是苹果、哈雷摩托、西南航空，还是马丁·路德·金，都得到了大众的信任，这是他们的绝对优势。没有群众基础，很多人都会在竞争的压力之下采取操控的手段，妄想通过价格、质量、服务或者产品功能让自己“不一样”。可惜，忠诚是消费者头脑中的情绪价值，卖家通过操控不可能获得忠诚。

通过打造那些自以为很有价值的外界因素就想让人心动，或者觉得你的产品、服务对他们的生活很重要，几乎是不可能的事。之前法拉利和本田的例子充分说明了这一点。但是，如果你的“为什么”和消费者的“为什么”相契合，所提供的商品和服务就成了他们信仰的化身，是他们理念的证明。这时候，如果你能平衡好黄金圈法则中“为什么”“怎么做”和“做什么”之间的关系，把它们融会贯通，就能打造有真实感的商品，让消费者在购买的同时收获满足，但是如果你打破了这三者之间的关系，必然进入失衡的状态，压力和不安也随之袭来。没有“为什么”的情况下，人们很容易受到毒鸡汤或者恐惧的蛊惑，在购买的同时也冒着失去真我的巨大风险。因为这些商品没有体现他们的“为什么”，其他人也不会通过这些外界的东西了解他们。

人类是社交性动物。我们都会通过观察他人微妙的行为，对他人进行评判。不管是对个人还是对公司，我们既会有好的感觉，也会有坏的感觉。有的人你自然而然就会信任他，有的人却不行。那些公司想要迎合我们的时候，你也会有不同的感觉。尽管对象不一样，感觉却是相通的。因为其中的差别只不过是说话的人不一样了，听众一直都是我们自己。哪怕是某公司在电视上做广告，哪怕观众有成百上千万，其中的信息都是传达给屏幕前的个体。这也是黄金圈法则的优势，我们可以在向个体传达信息的过程中，通过黄金圈法则让所传达的信息前后一致、融会贯通。也正因为如此，任何组织想要成功，都必须明确自己的目的、初衷和信仰，同时保证一言一行都真实地反映出自己的“为什么”。当黄金圈趋于平衡时，全世界有着同样信仰的人自然会被吸引过来，如飞蛾扑火般争相抢购该公司的产品。

做生意就像是在约会

假设有个人叫布拉德，他今天晚上有个约会。这是他和对方第一次见面，布拉德因此十分激动。在他的想象中，约会对象一定美丽动人，两个人的感情也会进展顺利。两个人在餐厅吃着晚餐，布拉德开始找话题聊天。

“我特别富有。”

“我住着别墅，开着豪车。”

“电视上总能看到我的新闻。每次上镜我都那么帅气。”

“我干什么都风生水起。”

那么问题来了，面对这样的布拉德，会有女孩愿意见第二次吗？

我们的沟通方式和行为方式都受生物学的影响。因此，我们可以把一个人在生活中和工作中的表现进行比较，毕竟这都是同一个人的所说、所做。要想知道怎么在商务环境中运用自己的“为什么”，其实并不难，只要了解我们在约会中该怎么做就可以了。毕竟，销售和约会极为相似，因为你都要坐在一个人的对面，说一些合适的话来达成心愿、促成交易。当然了，你也可以用一两个操控的手段。就好比约会的时候订一个高档晚宴，暗示自己有演出的票，或者认识哪个名人。你越想达成交易，越会努力满足对方、取悦对方。向他们承诺得越多，确实成功的概率也就越大。但是，这种方法用一两次还可以，随着时间的推移，如果想维持你们之间的关系，花费也就更高，总有你承受不住的时候。而且，不管你再怎么精于操控，也不可能建立相互信任的关系。

再回到布拉德的例子，他的约会肯定是以失败告终。想再次把女孩约出来是不太可能了，毕竟，他从一开始就没有为建立关系打一个良好的基础。但讽刺的是，布拉德的话正中女孩的下怀，她就是关注这些方面的因素。于是两个人又见面了，因为女孩的朋友都觉得布拉德长得不错、工作也好，还认识那么多名人。尽管这些都是事实，可是别忘了，“做什么”却不足以引导我们的决定，它只不过是“为什么”的证明。所以到最后，两个人还是不欢而散。

布拉德又去约会了，但是这一次，他决定从“为什么”开始说。

“你知道我为什么热爱生活吗？”这是布拉德的开场白，“因为每天睁开双眼，我都可以去做自己喜欢的事，可以激励别人、鼓舞别人，这是人生中最美好的体验。而且你知道吗，最有意思的是，我通过思考能想到很多方法去实现我的目标。这种感觉真的是太棒了！让人不可思议的是，在这个过程中我还挣了不少钱。我住别墅、开豪车，还认识了很多名流，也总是有上电视的机会。这感觉还可以，毕竟我也不难看。总之，可以做自己喜欢的事情，而且把它当作自己的事业做得风生水起，真是很幸运。”

如果布拉德对面的女孩和他有着一样的信仰，他们很有可能继续约会。更重要的是，布拉德基于自己的价值观和信仰，为建立良好的关系打下了坚实的基础。说起来，布拉德所说的话和见第一个女孩时没有什么不同，只不过说话的顺序变了，从“为什么”开始。而所有的“做什么”，都是在忠于自己初心的前提下收获的结果。

我们再来看看大多数公司都是怎么做生意的。假设你对面坐着某公司的销售，他们觉得你是个潜在客户，于是开始游说道：

“我们公司发展得特别好。”

“我们的办公环境优美，有机会一定来参观一下。”

“我们和许多著名公司品牌都有合作。”

“你肯定看过我们的广告。”

“我们的发展前景一片向好。”

在商界中，很多公司就像布拉德那尴尬的约会一样，只顾着说自己的好，却没有表述出公司存在的“为什么”。这就好比去应聘，想让雇主觉得你好，光看简历是不够的。但是，很多公司却还是一意孤行，列出自己一连串的业绩和经历——他们的“做什么”——妄想这些能让客户心动，不顾一切和他们合作。

我们都是一样的生物体，不管是生活中还是工作中，做决定的过程也是一样的。很明显，谁都会觉得布拉德的约会泡汤了，那为什么还会有人执迷不悟，把同样的场景带到商务活动中呢？谈生意就像是在约会，通过列举自己产品功能方面的优势和各种福利，不足以建立良好的关系。这些固然很重要，能让宣传语更有说服力，也是不错的购买理由。但是，“做什么”不能促成我们的决定，让人心动的是“为什么”。“做什么”只不过证明了我们的初心。如果你不能讲出自己的“为什么”，人们只能了解既得利益，再次赴约的可能性自然就很小。

我们不妨换一种说法：

“你知道我为什么这么喜欢我们的公司吗？公司上下每个人都从事着自己热爱的工作。我们能够去激励别人、鼓舞别人，让他们去做自己喜欢的事情。这是人生中最美好的体验。而且你知道吗，最有意思的是，我通过思考能想到很多方法去实现我的目标。这种感觉真的是太棒了！而且在这个过程中，公司的发展也越来越好。我们的办公环境优美，有机会一定来参观一下。我们和许多著名公司品牌都有合作，你肯定看过我们的广告。公司的发展前景真是一片向好。”

和一开始的宣传相比，这是不是感觉好多了？

确定的三个级别

如果你只能为决定提供理性条件和衡量标准，指出选择某件产品有什么既得利益，那只能说明你对自己的选择并不自信，充其量就是，“选择还不错”。从人体构造上讲，这话说得很准确，因为这些条件和标准会触发我们大脑的新皮层，也就是负责“思考”的区域。新皮层可以帮助我们把想法用语言表达出来，所以我们开始花时间权衡利弊，去询问等离子屏幕和液晶屏幕有什么区别、戴尔和惠普到底哪个牌子更好一些。

但是，如果你是发自心底做决定就不一样了，哪怕在截然不同的事实和数据面前，你还是会自信地“感觉这个选择是对的”。从人体构造上讲，这话说得也很准确，因为我们做决定的边缘系统负责控制情绪，而不是语言。那些成功的创业者和领导者，在说起自己成功的秘诀时，都会提到同样的一句话：“我相信我的感觉。”哪怕出了问题，他们也会告诉你，“我了解了别人的看法，但还是相信自己的感觉”。他们的发展策略没有办法衡量，却十分有效。发自心底的决定是一个人自己的事，所以对于个人，或者规模相对较小的组织来说，确实可以“相信自己的感觉”，但是如果我们需要很多人“感觉自己选择对了”，需要怎么做呢？

这时候，我们需要把“为什么”的力量充分发挥出来。用语言表述出你的“为什么”，能为决策提供情感支撑。你也能自信地说：“相信这个选择是对的。”“相信这个选择是对的”和“感觉这个选择是对的”相比，可量化程度高了很多。当一旦明了自己的“为什么”，我们能够绝对自信，同时“相信这个选择是对的”。相信自己的选择，不仅感觉好，还能帮你把“为什么”轻松描述出来。你可以用理性的“做什么”为感觉到的“为什么”提供依据，做出的决定也更趋于平衡。如果你在做出心底的决定之后，用言语描述出你的感觉，清楚地表达出自己的“为什么”，就能让周围的人更加理解你，也明了你的初衷。如果你的决定和事实、数据相一致，那么这些事实和数据将进一步印证你的决定——平衡；但是如果你的决定和事实、数据不符，那就证明还有其他需要考虑的因素，大家自然可以免去争议，开诚布公地继续讨论该如何决策。

举个例子，每当我回绝某些客户的时候，之前的合作伙伴都会不高兴。我总是告诉他，这些潜在客户“感觉”不合适。这话更让他恼火，毕竟客户都要缴费，他也总是劝我多个客户就多份收入。他不能理解我的决定，更糟糕的是，我也不知道要怎么和他解释，因为这都是我的一种感觉。但是现在的我不一样了，我能清楚地说出自己的“为什么”——激励人们去做让他们有激情的事情。同样是“心里感觉”做出的决定，却不会再有争议，因为大家都明白了其中的“为什么”。我之所以拒绝这些客户，是因为他们和我们的信仰不同，对激励、鼓舞别人完全不感兴趣。有了明确的“为什么”，我们再也不用为一个不可能的客户争吵，只需静下心来权衡，要不要为了一时的收益打破决策的平衡。

我们做生意，不应该简单以促成交易为目标，要把焦点放在那些和你有着同样信仰的人身上，而不是因为“做什么”而选择你的客户。你会发现，和那些有着同样“为什么”的人打交道，自然能收获信任。

3

如何赢得众人追随

第六章
均衡的黄金圈能够培育信任

哪怕往体面处说，也有绝大多数员工在自己的公司里郁郁不得志。毫无疑问，很多员工都觉得自己在工作中遭受到不同程度的虐待。试想一下，如果一家公司这么对自己的员工，员工又会怎么对待公司的消费者呢？这就好比从山上滚下来的雪球，一路上越滚越大，站在最下面的人肯定最倒霉。在商界，受冲击力最大的无疑是消费者。20 世纪 80 年代的美国大陆航空公司就是这样——简直是史上最差的航空公司。

“1994 年 2 月，我迈进美国大陆航空公司的那一刻，就发现了他们最严重的问题。”戈登·贝休恩（Gordon Bethune），美国大陆航空公司前 CEO，在自己的书《从最差到最好》（*From Worst to First*）中，为我们揭开了这家航空公司起死回生的奥秘。“这里的工作环境糟透了。员工对顾客态度粗暴，员工相互之间也吹胡子瞪眼，都觉得自己的工作很丢脸。要是员工都不愿来工作，绝对不会有受欢迎的产品。这样下去肯定不行。”

西南航空的联合创始人赫布·凯莱赫多次被评为航空业最佳首席执行官，他主张员工至上，认为应该把员工放在第一位，如果公司能让员工满意且乐于奉献，他们的表现会更加出色，也把顾客照顾得更好。顾客高兴了，股东自然也高兴——公司运营应该遵循这个模式。幸运的是，贝休恩也这么想。

也有人会说，美国大陆航空公司的企业文化之所以这么差，主要是因为公司发展举步维艰。担任过该公司首席执行官的人总会找借口，告诉你市场不景气，维系运营已经很难了，没有精力再去关注别的事情。他们的逻辑是：等我们盈利了，再说别的问题。毫无疑问，从 20 世纪 80 年代到 90 年代，大陆航空一直在苦苦挣扎。在 1983 年和 1991 年，该公司根据《美国破产法》第十一章，先后两次申请破产。更离谱的是，在短短 10 年的时间里，大陆航空换了 10 个首席执行官，但是谁也没能改变什么。到 1994 年贝休恩来大陆航空任职的时候，公司的亏损金额已经超过了 6 亿美元。从各个方面来看，这家公司的业绩都是倒数第一。

好在贝休恩当上首席执行官不久，一切开始有了转机。第二年，大陆航空的盈利就达到了 2.5 亿美元，并且很快跻身于美国最适宜工作的公司之列。不可否认，贝休恩确实在运营模式上做出了很多调整和改变，但是大陆航空公司能在短时间内重现活力，还要归功于“信任”的力量。他们在这方面的收获难以衡量却意义深远。

卖家列举出合理的理由，能说服买家购买相应的产品或者服务，却不能收获信任。就像公司主管再怎么向员工承诺，也不能换取他们的信任。信任不是任务清单，你要是觉得尽到了自己的义务，自然能赢得信任，那就大错特错了。信任也是一种感觉，和理性关系不大。我们相信某人或者某家公司，哪怕他们遇到问题也还是选择信任。同理，有的公司各个方面都很好，但是对于这个品牌你就是觉得不放心。所以，就算你觉得该做的都做了，也不一定收获信任。只有当某个人或者组织不再以个人利益为追求的时候，信任才能翩然而至。

信任有了，价值也会跟着来——这是真正的价值，是不能用金钱衡量的。价值属于关系范畴，关系离不开信任。你不能强迫别人认同你的价值，也不能空口说白话让别人相信你。要想赢得他人的信任，需要深入交流，让对方知道你们有着共同的价值观和信仰。必须讲清楚“为什么”，再用“做什么”进一步证明自己的初心。和我们之前讲的一样，“为什么”是你的信仰，“怎么做”是为了达到目标采取的行动，“做什么”是最后的结果。当这三者趋于平衡的时候，自然会收获信任，同时让对方认同你的价值。贝休恩就是这么做的。

才能出众的高管都有很好的管理能力，但是要做一名好的领导，只精通管理远远不够。这就是管理者和领导者的区别所在。管理者是组织机构中的最高级别，不管你是通过努力、纯属好运还是玩弄权术才爬上这个位置。领导者就不一样了，他们总是有一群人拥护——这些人不是迫不得已，更不是为了得到工资，而是心甘情愿选择追随。在戈登·贝休恩之前，大陆航空的管理者是弗兰克·洛伦佐（Frank Lorenzo），但贝休恩却领导全体员工扭转了公司的发展局势。只有领导者才能做到这一点，因为员工相信他，知道他心系所有人的利益。同样的道理，这些相信他的人工作起来也格外卖力，他们的工作超越了个人的得失，而是朝着一个更伟大的目标奋斗。

大陆航空的总裁办公室在办公楼的第二十层，在贝休恩任职之前，普通员工根本不能到这层来。总裁办公室上了锁，只有副总裁以上职位的人才能进去。第二十层不仅需要专门刷卡，还到处都是摄像头和值班的保安，安保人员全副武装，仿佛随时准备开战。很明显，大陆航空有着严重的信任危机，甚至有传言说弗兰克·洛伦佐在乘坐自己公司的飞机时，只喝自己打开的饮品，开封的一概不敢入口。他不信任任何人，自然也没有人愿意信任他。没有人追随，想要成为领导者就是在痴人说梦。

贝休恩就不一样了，他明白在层层的体制之下，公司的本质是无数个体的集合。“你不会和自己的医生撒谎。”这是贝休恩的原话，“自然更不能和自己的员工撒谎。”他决心通过让公司上下找到同样的信仰，以此改变大陆航空的企业文化。但是，在人员、设备都还是一样的情况下，什么样的信仰能让行业内垫底的大陆航空起死回生，成为业界的翘楚？

大学时我有个室友叫霍华德·耶鲁希莫维茨（Howard Jeruchimowitz）。在芝加哥当律师的他，从小就知道人都有一种简单的欲望。霍华德在纽约的郊区长大，在少年棒球联盟最差劲的球队里当外场选手。他们的球队几乎就没有赢过——几乎每次都比分悬殊，完全没有反击的余地。好在霍华德的教练很有耐心，总是教导队员们要积极乐观。在一次极为屈辱的输球之后，教练把所有队员召集到一起，提醒他们："谁输谁赢并没有那么重要，重要的是比赛的过程。"这时候，霍华德反问道："那为什么还要计分呢？"

小小年纪，霍华德就明白了人的求胜欲。没有人愿意输，大部分人只要身体跟得上，就一定要争这口气。唯一不同的是对"赢"的计分方式。有的人觉得有钱就是赢家，有的则一直追名逐利。权力、爱情、家庭成就感，这些都是人们对赢的不同认知。虽然衡量标准不同，但是对赢的渴望都是一样的。打个比方，亿万富翁不需要工作，有了钱就算得分——在他们看来，干什么都离不开钱，所以哪怕已经这么有钱了，如果决策失误损失了几百万美元，他们还是会难受。这点儿损失不会给自己带来什么影响，却让他们感觉自己输了。

从根本上说，渴望能赢不是件坏事。但是如果你把这个当作衡量成功的唯一标准，只顾着追求赢而忽略最初的"为什么"，就有问题了。

贝休恩从任职的那一刻开始就致力于让公司上下都明白，只要大家想要赢，就一定能赢。大部分员工都比较配合，也想知道他们是否真的能赢。但是也有一些例外，在大陆航空的60名高管中，有一名因为迟到耽误了航班，被炒了鱿鱼；还有39名不接受贝休恩的理念，也被辞退了。无论他们有多么丰富的经验，或者能给公司带来什么样的好处，只要是不愿意相互配合、不认同新的企业文化，都被贝休恩请了出去。在大陆航空中，信仰不同的人没有立足之地。

贝休恩深知，要组建一支强大的队伍，上下齐心取得胜利，不能单纯依靠几场振奋人心的演讲，或者给达到业绩目标的管理者发奖金。要想取得真正的胜利，并且一直守住胜利的果实，要让员工为自己而战。他们对胜利的追求不是为了首席执行官，不是为了股东，也不是为了消费者，是为了他们自己。

因此，贝休恩的每一句话，都离不开每位员工的利益。他不要求员工保持机舱整洁，给乘客一个良好的乘机环境。他会直击问题的要害，指出员工们每天都要在飞机上工作，乘客到站就会下机，但是乘务人员还坚守在自己的岗位上。良好的工作环境，也能让他们在工作中更加舒适。

贝休恩还撤走了第二十层的保安。他制定了新的“开放政策”，真正走到了普通员工之中。虽然他是公司的首席执行官，却总会亲自到机场，和行李托运人员一起忙活。因为现在的大陆航空是一个大家庭，所有人都要相互合作。

与此同时，贝休恩还从工作中的重点着手，大刀阔斧实施改革。对于航空公司来说，工作重点就是航班准时。20世纪90年代，也就是贝休恩任职之前，大陆航空是全美十大航班中准点率排名最靠后的。于是贝休恩宣布，每个月都进行统计，只要准点率能挺进前五名，所有员工这个月都有65美元的奖励。1995年，大陆航空大概有4万名员工，这么算下来新的规定每个月要花上260万美元。贝休恩可不是这么算账的：他知道航班延误，会造成大批乘客错过转机或者要在机场滞留过夜，公司每个月都要损失500万美元去应对这些问题。更重要的是，奖金有助于进一步营造新的企业文化：从管理层到普通员工，公司上下都朝着同一个方向努力。这可谓大陆航空成立以来的首次壮举。

成功的果实不再是管理层独享。只要航班能准时，每个人的收入都会增加65美元，相反，没达到目标每个人都有损失。贝休恩坚持单独发支票作为奖励，这又会让员工感觉不一样，65美元的支票更成了胜利的象征。每次的支票都在提醒所有员工他们"为什么"要来工作，都在感谢他们把大陆航空建设得这么好。

"我们把员工可控的因素作为量化考核的标准。"贝休恩解释说，"把赢和输的利害关系与员工的利益联系起来，公司的发展与每名员工都有关系。"

大陆航空的所有举措，都让员工更加坚信他们是一个团队。整个团队自然更加团结、强悍。

绵延的文化

人类之所以能发展壮大，并不是因为我们是最强壮的生物——

就这方面来说，人类差得还很远。体形和力量并不能保证成功，我们之所以能成为最高级的物种，是因为我们能够构建文化。文化是一种社会现象，能把有着共同价值观和信仰的人集合到一起。当我们有着相同的价值观和信仰时，自然就能相互信任。基于对他人的信任，我们才能安心让他人照顾自己的孩子，维护自己的生存安全。人类从原始社会走到现在，主要还是得益于刀耕火种时期就和族人相互照顾。有人出去打猎，也有人留在洞穴照顾家人和财产，让他们在外面得以安心。

我们更容易相信和自己有共同价值观和信仰的人，这话说来很好理解。毕竟，你不可能跟所有见到的人都交朋友。朋友是志同道合的人，是和你看法一致、信仰相同的人。所以，不管两个人看上去多么合适，真接触起来不一定能成为朋友。宏观上看也是这样，世界上有很多不同的文化。打个比方，美国和法国的文化没有优劣之分，它们是两种不同的文化——根本不能比较哪种更好、哪种差一些。美国文化十分推崇创业和独立，主张人们自力更生。这就是他们的“为什么”。而法国文化更强调统一，号召大家相互依存、享受当下（甚至美国人说到享受生活时，都会用法语 joie de vivre，这绝对不是巧合）。有的人喜欢美国文化，有的人则更适应法国文化。这不是因为哪种更好，只是文化不同而已。

一般来说，你在成长过程中受哪种文化的熏陶，就更适应这种文化。当然，什么事情都有例外。有的人可能从小在法国长大，却总觉得自己格格不入，找不到归属感。他可能和美国人有着一样的

“为什么”，于是移民到了美国。

我们总是说，美国的移民为社会发展提供了强大的动力，但是这并不代表着所有的移民都给社会生产力做出了贡献。同样地，不是所有的移民都有创业者精神。这就是“为什么”的力量，只要它够明确，认同它的人自然会被吸引过来。那些认同美国的信仰和行事风格的移民总是说“我喜欢在这里”“我喜欢这个国家”。实际上，他们这种发自内心的反应和美国无关，这种感觉更是源于他们自己。在美国的文化中，他们得到了想要的机会，感觉到自己的能力终于得以施展，于是找到了归属感。这是他们的原生文化没有的。

这是美国的“为什么”，我们还可以继续细分，有的人更适应纽约，有的人更适应明尼阿波利斯（Minneapolis）[1]。文化之间没有优劣，只有不同。打个比方，有的人做梦都想去纽约生活，他们可能是向往那里的灯红酒绿，也可能以为那里有更好的机会。他们踌躇满志来到这里，摩拳擦掌要大干一场，却没有想过自己能不能融入纽约的文化。到最后，有人成功了，也有人失败了。这些年来，我见证了太多这样的人，他们怀揣着梦想来到这里，可是最后不是找不到理想的工作，就是因为工作压力太大不堪重荷。这些人很聪明、很善良，也是尽职尽责的员工，他们的问题只有一个，就是不适应

1. 美国明尼苏达州最大的城市，位于该州东南部。

这里。到最后，有的人选择付出更大的努力继续留在纽约，继续抱怨自己的工作和人生，也有人干脆选择离开。如果这些人能去到一个更适合自己的城市——芝加哥、旧金山或者别的什么地方——反而会收获更加幸福、成功的人生。纽约并不比其他城市好，它也不适合所有人。所有地方都是一样，只有适合的人才能真正属于这里。

任何有着深厚文化根基和性格特色的地方都是这样。我们也是在和自己相符的文化中，或者能反映出自己价值观和信仰的地方，能有更好的发展。之前讲到过，和那些因为“做什么”而选择你的人达成交易，不是我们做生意的目的，你要吸引和你有着同样信仰的人。所以，我们要找到与自己的价值观、信仰相符的文化，在这种适合的环境中工作和生活，自然能过得有声有色。

我们再从这个角度来看看公司，其实公司也代表着一种文化，是一群有着同样价值观和信仰的人，一起构成的团队。让公司有凝聚力的，不是它的产品、服务，让公司强大起来的，也不是它的规模和力量，这一切的根源，都深深植根在企业文化之中——从首席执行官到公司前台，每个人都牢牢守护的价值观和信仰。因此，管理人员在选择员工的时候，不能只考察工作中的必备技能，更应该去寻找那些和你有着共同信仰的人。

寻找和你有着共同信仰的人

20 世纪初，探险家欧内斯特·沙克尔顿（Ernest Shackleton）

踏上了去往南极的旅程。当时，挪威极地探险家罗阿尔德·阿蒙森（Roald Amundsen）已经成功踏足南极，但是他仍留下一个遗憾，没能从地球的最南端穿过南极大陆。

探险路线从南美最南端的威德尔海（Weddell Sea）[1] 开始，航行 1700 英里，穿过南极抵达新西兰南部的罗斯海（Ross Sea）[2]。沙克尔顿估计，这趟冒险需要 25 万美元的经费。1913 年 12 月 29 日，沙克尔顿在采访中告诉《纽约时报》（*New York Times*）的记者："这次穿越南极洲的冒险，将成为人类历史上最为重要的一次尝试。人类已经征服了地球上大部分地区，剩下的工作依然艰辛。"

1914 年 12 月 5 日，沙克尔顿带领 27 名船员，驾驶"持久号"向着威德尔海进发。"持久号"由私人捐赠者、英国政府和皇家地理学会（Royal Geographical Society）共同出资打造，重达 350 吨。当时，第一次世界大战的战火正在欧洲大陆蔓延，探险经费极度紧张，连雪橇狗都是由英国的学生们出钱赞助的。

可惜的是，"持久号"没能成功抵达南极。

从南乔治亚岛（South Georgia Island）出发没几天，"持久号"就被厚厚的海冰包围了，接下来的几个星期，船在浮冰间小心翼翼地向南航行。后来天气突然恶劣，大风将浮冰从四面八方向"持

---

1. 为大西洋最南端的属海，深入南极大陆海岸，形成凹入的大海湾。

2. 是南太平洋深入南极洲的大海湾，位于罗斯陆缘冰之北、维多利亚地与玛丽伯德地之间，在西经 158° 至东经 170° 之间。

久号”推了过来，浮冰渐渐连在一起，而且越来越厚，船被困在中间，既无法前进也无法倒退。据一名队员回忆，“‘持久号’像巧克力棒中的杏仁一样被冻住了”。沙克尔顿的团队被困在南极地区整整 10 个月，船被海冰裹挟着慢慢向北漂移，离他们的目的地越来越远，直到“持久号”的船体被冰刺穿，海水慢慢地渗了进来。1915 年 11 月 21 日，“持久号”沉入了威德尔海底，探险队被困在了离海岸数百英里的浮冰上。

探险队员先是在冰面上扎营，后来全体登上仅剩的 3 艘救生艇，向最近的岛屿——大象岛进发。在这里，沙克尔顿带领 4 名队员，前往 800 英里外的南乔治亚岛捕鲸站寻求援助。历经千辛万苦，全体队员终于成功回家。

“持久号”的故事成了传奇，不是因为他们敢于深入南极，而是因为在艰苦的环境中，没有人暴动，也没有人自相残杀，整个探险队奇迹般地全部生还。

他们的幸存绝对不是偶然，而是沙克尔顿选择了合适的队员。如果组织机构能够找到合适的工作人员，就像沙克尔顿的队员那样，他们和你有着共同的信仰和追求，成功自然会来敲门。那沙克尔顿是怎么组建团队的呢？很简单，他在《泰晤士报》（*The London Times*）上登了一则招聘广告。

这么说起来，我们的招聘方式和沙克尔顿也没有什么太大的区别，我们也是在报纸上，或者相关的招聘网站上发布职位信息，比如 Craigslist[1] 或者 Monster.com[2]。当然，有的公司会有专门的招聘人员，但是流程还是大同小异，把岗位的资质要求列出来，等着条件符合的应聘者上门。

不过，招聘广告怎么写，也是一门学问。大部分的招聘广告都是“做什么”，却只字不提“为什么”。打个比方，有的招聘广告是这样的：“招聘职位：客户经理；岗位要求：了解本行业的工作，至少有 5 年相关领域从业经历。我们公司超级棒，发展前景好、薪资高、福利多，欢迎加入我们。”这样的广告可能会引来很多人应聘，但我们怎么知道谁是合适的人选呢？

沙克尔顿的招聘广告和上面的完全不同，他没有像下面这样只是在讲“做什么”：

“探险队招募，要求：至少 5 年相关工作经历，能够驾驶航海船、升起主帆。欢迎加入优秀的船长旗下。”

沙克尔顿的要求似乎更高一些，他想找到和他一样，真正向往这趟航行的人。他的广告是这样的：

“困难重重的冒险之旅招募，薪资低、环境艰苦，可能要在极寒、黑暗、危险的环境中航行数月，不能保证安全返航，但是一旦成功，必将载誉而归。”

1. 是由 Craig Newmark 于 1995 年在美国加利福尼亚州的旧金山湾区地带创立的一个大型免费分类广告网站。

2. 全球最大的专业招聘网站，也是全球最大的招聘服务供应商。

看到这样的招聘广告，前来应聘的人也一定是对这趟旅行充满期待。他们敢于挑战未知，面对困难也一定会夹缝求生。沙克尔顿招募的队员，都是和他有着同样信仰的人，而且求生能力极强。合适的成员就是团队成功的保障。他们努力工作、奋力创新，不是为了任何人，而是为了他们自己。

所有优秀的领导者都有一个共同点，他们总能招到合适的人选，找到和自己有着同样信仰的人。西南航空就是一个很好的例子，它招聘的员工都认同公司的发展理念，并且身体力行，自然会带来优质的服务。正如赫布·凯莱赫所说："招聘看重的不是技能，而是态度，技能是可以培训出来的。"话说得轻巧，问题是，看中的是哪一种态度呢？如果这种态度和企业文化不相符怎么办？

我经常带着这些问题去招募人员的公司求教。最常听到的答案就是"我们要那些充满激情的人"。但是如果有的人在面试的时候激情四射，工作中就丧失动力了，该怎么办？实际上，世间所有人都有充满热情的一面，只不过能燃起他们热情的事项不一样。在招聘的时候从"为什么"开始，能帮助我们找到那些对你的信仰也充满激情的人。即便员工都有着过硬的工作能力和职业操守，也不一定能成功。打个比方，苹果最优秀的工程师要是到了微软，可能哪儿都不合拍。同理，微软最好的工程师去了苹果，也不一定能有这么好的发展。他们都经验丰富、工作认真，都是不可多得的人才，但是换了地方，却和那里的企业文化格格不入。所以，我们招聘的目标，是对你的“为什么”，你的目标、初衷和信仰充满激情的人，这样的态度才能融入企业文化之中。满足了这个条件，再进一步考察这些人的工作技能和相关经验。沙克尔顿完全可以花钱找到最有经验的探险队员，但是这样组建的团队是看中能力，却没有更深层次的联系，面对困难很可能难以维系。

多年以来，西南航空一直没有处理投诉的部门，因为根本没有人投诉。他们完美的服务主要归功于有一批合适的员工，尽管凯莱赫总是强调员工的态度。西南航空的招聘不是凯莱赫一个人说了算，完全跟着心里的感觉做选择也过于冒险，那么他们是怎么做的呢？这就是西南航空的过人之处，它搞清楚了为什么有的人适合这里的工作，然后专门创建体系，锁定这类人。

20 世纪 70 年代，西南航空决定用迷你裙和长靴作为空乘制服（这可是 20 世纪 70 年代啊）。说起来，这也不是西南航空的首创，总部位于加利福尼亚的太平洋西南航空公司率先使用类似款式的制服。西南航空虽然是模仿别人，却在这个过程中发现，前来应征空姐的人不是当过啦啦队队长，就是做过乐队指挥，因为只有她们不介意穿这么短的裙子。这个发现意义重大，因为这两类人正符合西南航空的定位。她们不仅态度好，还都是乐天派，总能让人开心起来，给乘客带来快乐，让乘客感觉“我们能赢”。西南航空一直以来都致力于成为“大众的航班”，雇用这样一群女孩子真是太合适了。于是，他们只招募啦啦队队长和乐队指挥做乘务员。

好的公司不会只看中员工的技能，然后再培养员工的动力。它们从一开始就会招募那些有动力的人，再进一步激励他们一起努力。从工作动力方面来讲，只有两类人：有动力的人和没有动力的人。而面对有动力的人，我们必须超越眼前的工作，唤起他们的信仰。否则，这些人早晚都会离开，留下你一个人独自凌乱。

带领员工修建“大教堂”

我们先来看看两个石匠的故事。你走到第一个石匠前，问他：“你喜欢自己的工作吗？”他抬头看了你一眼，说：“我从记事开始就在垒这面墙，这工作无聊乏味，每天还要在大日头下暴晒。这些石头又大又沉，天天背过来我的腰都要断了。恐怕到我死，这墙都垒不好。但这就是我的工作，我需要工资。”你谢过他，继续往前走。

30 英尺之外，你又遇到了一个石匠。你问了他同样的问题：“你喜欢自己的工作吗？”他也抬起头，回答道：“我当然喜欢我的工作，这是在建造教堂啊！不过话说回来，我从记事开始就在垒这面墙，这工作确实无聊乏味，每天还要在大日头下暴晒。这些石头又大又沉，天天背过来我的腰都要断了。恐怕到我死，这墙都垒不好，但是能参与建造大教堂，真是太好了。”

两个石匠干着一样的工作，不同的是一个有一种使命感，一个没有。第二个石匠在乏味的工作中给自己的心找到了归属。他每天辛苦工作，为一项伟大的事业做出自己的贡献，这种使命感远远超越了自己的工作。找到了自己的“为什么”，他对工作的看法和第一个石匠相比发生了翻天覆地的变化。这让他更加卖力、更加忠诚。如果能有薪酬更高的工作，第一个石匠肯定早走了。第二个则不同，哪怕有一份既清闲又赚钱的工作，他还是愿意在这里加班加点，只为成为建造大教堂的一分子。在这个石匠看来，他的工作和制作彩玻璃的工人，甚至建筑工人一样重要。毕竟，他们都是在建造教堂。这也让不同的工人之间有着同样的情谊，因为大家都是在为同样的事业而奋斗。

如果一家公司的“为什么”足够明确，就能激励员工，给他们带来不竭的动力。这样的员工也会更高产、更创新，他们对工作的积极态度也会吸引更多的人加入。所以，那些我们喜欢的公司，不仅生意做得好，招聘员工也很有一手。当内部员工都明白“为什么”选择这份工作的时候，外人也能明了这家公司“为什么”如此特别。在这样的团体内，从上级到下级，不会有人因为岗位不同而评价任何人，他们相互依靠、相互扶持。

在“为什么”的驱使下，成功是早晚的事

互联网的出现，改变了我们生活的方方面面。在科技的引领下，人们竞相参与到新的热潮中，希望能在变革中分一杯羹。同样的情况在19世纪飞机问世的时候，也出现过。当时在这一领域中

最有名的要数航空先驱塞缪尔·皮尔庞特·兰利。他和很多同行一样，致力于打造世界上第一架能飞的机器，成为人力控制飞行器的发明者。兰利有着得天独厚的优势，他把所有需要的资源都尽收囊中，在所有人看来，成功似乎唾手可得。

与此同时，兰利作为知名天文学家，已经在学术界有着很高的名望和声誉。兰利不仅在史密森学会任秘书长一职，还兼任哈佛大学天文台（Harvard College Observatory）[1] 的助教和哈佛大学美国海军学院（United States Naval Academy）[2] 的数学教授。他的人脉遍布美国商界和政坛，安德鲁·卡耐基和亚历山大·格拉汉姆·贝尔都是他的朋友，可以说其交际圈里的人非富即贵。同时，兰利获得了美国陆军部 5 万美元的支持，这在当时来说可是一大笔资金。研究绝对不缺资金。

兰利把当时机械领域的顶尖人才召集到一起，打造出了建造飞机的“梦之队”。比如才华横溢的飞行员查尔斯·曼力（Charles Manly），他毕业于康奈尔大学（Cornell University）[3] 的机械工程专业。还有史蒂夫·鲍尔泽（Stephan Balzer），纽约第一辆汽车的研发者。兰利的团队坐拥最优质的制造材料，市场状况堪称完美，公

1. 坐落在美国马萨诸塞州的坎布里奇，建立于 1839 年，是美国建立的第一座大型天文台，是哈佛大学艺术和科学学院下属的研究机构。

2. 美国海军培养初级军官的一所重点学校。

3. 美国境内的一所私立研究型大学。

关也做足了门面。《纽约时报》对他们的项目进行实时播报，每个人都知道兰利的大名，都等着他的好消息。

但是“梦之队”还是出了问题。

尽管兰利目标宏远，却没有明确的“为什么”作为支撑。他之所以想要打造第一架飞机，完全是在衡量了“做什么”和“得到什么”之后得出的结论。兰利从小就热爱航空学，但是他并没有把这当作一项为之奋斗的事业。对他来说，更重要的是能当第一。他所做的一切，更多是源自内心对金钱和地位的渴望，这才是他的动力。

当时的兰利已经算是名人了，但是他并不满足。兰利希望自己能够像伟大的发明家托马斯·爱迪生或者亚历山大·格拉汉姆·贝尔那样名垂千古。他把建造飞机看作自己通往名利场的门票。兰利确实有才能、有动力，而且具备取得成功的所有要素：资金、人才和理想的市场环境，可惜事与愿违，现在很少有人知道缪尔·皮尔庞特·兰利是谁。

在几百英里之外俄亥俄州的代顿市，威尔伯·莱特（Wilbur Wright）和他的弟弟奥维尔·莱特（Orville Wright）也在打造飞行器。他们不具备兰利的取胜条件，而且相比之下，两个人可以说是一无所有。他们没有赞助，没有政府拨款，没有人脉，经营自行车铺子的收入就是他们的资金来源。而且，包括他们自己在内，团队里没有一个人上过大学，有的甚至连高中都没有毕业。他们做的事情和兰利一样，和所有想要造飞机的人也没什么区别，但是莱特兄弟有一点很特别，他们的“为什么”特别明确。他们认为只要能建造出飞机来，就一定能改变世界。如果真能成功了，所有人都能从中受益。

莱特兄弟的传记作者詹姆士·托宾（James Tobin）曾这么评价他们："威尔伯和奥维尔兄弟俩是真正的科学家，他们满腔热忱，沉迷于需要解决的物理问题——致力于找到在飞行中保持平衡的答案。"兰利就不一样了，他把更多的精力放在了对名利的追求上。兰利深知，要想和自己的朋友贝尔齐名，必须在科技方面有重大突破。托宾说起兰利，认为"他不像莱特兄弟那样对飞行充满激情，所有的努力更像是为了让自己功成名就"。

莱特兄弟对信仰的追求，让当地很多人都纷纷加入进来，为了一项崇高的事业奋斗。他们的付出有目共睹。很多人在经历了一次又一次的失败之后，可能都会放弃，但是莱特兄弟的团队没有。他们在信仰的激励下勇往直前、越挫越勇。据说，每次莱特兄弟试飞，都会带上 5 套装备，因为他们每次都必须尝试 5 次，才能甘心回去。

终于，1903 年 12 月 17 日，在北卡罗来纳州（North Carolina）的基蒂霍克（Kitty Hawk），莱特兄弟如愿飞上了蓝天。人类第一次的飞翔用时 59 秒，高度 120 英尺，速度就和慢跑差不多。这次短暂的飞行标志着一种新型科技从此诞生，拉开了新时代的序幕。

尽管这次飞行意义重大，却没有那么轰轰烈烈的追捧，没有《纽约时报》的现场报道。可是这又有什么关系呢？莱特兄弟看重的本就不是名利和荣誉，他们为了自己的梦想日复一日努力着，总有一天，全世界都会知道。因为，这是全世界的财富。

说起来，兰利和莱特兄弟有很多共同点，他们都是要制造飞机，都有着创造的动力、极高的职业操守和敏锐的科学头脑。但是最后一方成功了，另一方却失败了。说起来，这都是因为兰利和莱特兄弟相比，缺少制胜的关键。这关键绝对不是幸运，而是激励的力量。同样是有动力，兰利的动力是名誉和财富，而莱特兄弟的动力是他们的信仰。莱特兄弟对梦想的追求，带动身边的人加入了进来；兰利则是花钱招揽人才，帮他卖力。莱特兄弟是从“为什么”开始，激励着团队一起努力；兰利却是从“做什么”开始。所以，在莱特兄弟试飞成功几天之后，兰利放弃了这个计划，从此不再踏足这一领域。其实，他本可以把这当作一个契机，告诉自己“真棒，我要在他们的基础上继续研究”，可是他没有。他觉得自己很丢脸——因为飞机在试飞过程中掉进了波托马克河（Potomac River）[1]，一时间沦为媒体的笑柄。他太过于在乎别人的看法，太想要获得所谓的名望。不能成为第一，兰利只能放弃。

逆境中的创新

“梦之队”不一定真的能实现梦想。很多时候，把一群专家召

1. 是美国中东部最重要的河流。

集到一起，他们很可能都以自己的利益为出发点，不会考虑整体的利益。很多公司花大价钱请“顶级人才”，往往也是同样的效果。这些人的加入和你的“为什么”毫不相关，他们就是冲着钱来的。这不就是典型的操控吗？只要能有好点子，就承诺给对方一大笔钱，这么做一般都没有办法取得理想的结果。但是如果你能把一群志同道合的人召集到一起，再指明一项可以共同奋斗的事业，就能拥有一支强大的队伍和一段诚挚的情谊。兰利组建了一支“梦之队”，承诺事成之后非富即贵。莱特兄弟则是激励大家摒弃私利，朝着更伟大的目标前进。反响平平的公司都是给员工分配工作，而那些走在创新前沿的机构，总能给员工指明工作的方向。

领导者的任务不是想出好点子，而是创造有利的环境，带动团队成员想出好点子。最适合创新的人，是那些公司内部从事一线工作的员工。打个比方，负责投诉电话和客户沟通的人自然比那些办公室里的总裁更明白顾客的问题是什么。告诉员工按时上班、踏实工作，人们就只会完成本职工作，但是如果你能时刻以公司成立的“为什么”鞭策着员工，他们也总能在工作中想出好点子，为这份事业出一份力。

我们再来说说史蒂夫·乔布斯，不管是 iPod、iTunes 还是 iPhone 都不是他自己研发的，而是苹果公司里其他人的作品。但是，乔布斯给员工的创新指明了方向、创造了环境、明确了目标：找到那些商业模式已经落伍，同时业内公司却不肯革新的领域，然后勇敢挑战。这就是苹果成立的“为什么”，是史蒂夫和沃兹尼亚克的初心，也是苹果上下员工和历届产品遵循的准则。这种革新的模式可以无限循环，因为苹果人总能在不同的领域中找到突破口，为他们的事业添砖加瓦。苹果的这种做法的确非同凡响。

其他的公司则不同。有的公司总是用“做什么”把自己限制住，而不从“为什么”出发，引导员工围绕产品和服务进行创新。他们总是下指示，让员工“做得好一点儿”。苹果的同类竞争者们也是这样，他们甘心做“电脑生产商”，每天教导员工做电脑时“多点儿创新”。这样研发出来的电脑，可能会多点儿 RAM（随机存取存储器），增加一两种功能，或者效仿之前某些品牌，定制笔记本外壳颜色。这些都不是创新的好点子，更不可能引发电脑产业的变革。功能增加了，创新却没有。还记得高露洁旗下 32 种不同的牙膏吗？也是一个道理：员工每天去工作，可能满脑子想的都是怎么生产出更好的牙膏，却没有思考过怎么做能够让人们更加自信。

说起来，创新并不是苹果的专属。几乎所有的公司里，都有聪明、创新的人才，但是一家好的公司，能够给员工一个奋斗的目标，让他们自由发挥，而不是灌输千篇一律的做法，把思想束缚起来。那些每天都在研究竞争对手的公司，总以为给产品增加点儿功能或者优惠，就能变得“更好”，其实还是在“做什么”上做文章。一家公司的“为什么”越明确，越不会盲目地随波逐流。相反，搞不清楚“为什么”的公司，才会时时关注竞争对手的动态。

拥有创新能力的公司，不仅能有新点子，还总能绝地逢生，所以创新对于一家公司来说是无价之宝。有使命感和奋斗目标的员工，不仅会在困难面前乘风破浪，还总会发现机会逆转绝境。这些有明确“为什么”的员工，哪怕经历几次失败也不会轻言放弃，因为他们心中装着更为崇高的事业。毋庸置疑，托马斯·爱迪生就是一个有理想的人，面对别人的嘲讽，他曾说过：“我只不过是证明了 1000 多种材料不适合做灯丝而已。”

西南航空以能够在 10 分钟或更短时间内使得飞机周转而闻名——航班从降落到再次起飞仅间隔 10 分钟。最大限度地利用每架飞机，为航空公司创造了更多的收益，天上飞着的飞机多，赚的钱就多。但是很少有人知道，西南航空是因为运营受挫，才有了这次创新。1971 年，西南航空现金不足，要想继续下去必须卖一架飞机。这就意味着原来 4 架飞机的路线，现在只有 3 架飞机可以在天上飞了。摆在他们面前的只有两个选择：缩减运营规模，或者想办法让飞机在 10 分钟内周转。10 分钟周转由此应运而生。

这种想法在大多数航空公司的员工看来，绝对是不可能的，但是西南航空的人却丝毫没有胆怯，振作精神准备解决这前所未有的难题。时至今日，西南航空还享受着这一举措的红利。鉴于当前各大机场极为拥挤，飞机更大、装载也更多，西南航空的周转时间延长至 25 分钟。然而，在保持当前航班不变的前提下，周转时间延长 5 分钟，就需要再有 18 架飞机才可以。买这些飞机得花近 10 亿美元！

西南航空总能解决遇到的问题，苹果总是走在创新的前沿，莱特兄弟在没有优质资源的情况下，也能带领团队研发出新的科技，这都是源于一点——他们对自己团队成员的信任。

信任的定义

弗朗西斯·巴林（Francis Baring）爵士于 1762 年创办的巴林银行（Barings Bank），是英国历史上最悠久的银行。巴林银行经历了拿破仑战争（Napoleonic Wars）[1]、第一次世界大战和第二次世界大战，仍能保持领先地位，最后却毁在了所谓的“魔鬼交易员”——尼克·李森（Nick Leeson）手里。他在未授权的情况下进行高风险交易，一个人搞垮了巴林银行。如果形势能和李森的如意算盘一样，他也许真的能给巴林银行带来巨额收益，成为公司英雄的同时，自己也大赚一笔。

可惜，金融市场和天气一样，瞬息万变、难以预测。有的人认为李森的所作所为就是在赌博。细分下来，赌博和风险预期是不一样的。风险预期包含对市场风险的评估，防范产生巨大的风险，对

1. 指 1803—1815 年爆发的各场战争，这些战事可以说是自 1789 年法国大革命所引发的战争的延续。

可能出现的情况做好准备。打个比方，飞机在水面迫降的可能性很小，但是还是给所有乘客配备了救生衣。不管有用没用，有这个东西我们坐飞机也能更放心。不准备救生衣就像是在赌博，虽然用到的可能性不大，但是很少会有航空公司愿意冒这个险。

奇怪的是，李森在巴林银行有两个职位，既是交易员，又是自己的主管。不过和李森的错误比起来，这还不算有意思的事情。他面对风险仍然执迷不悟，导致最后亏损巨大无力挽回，这也没什么意思。说起来，这些都是短期因素，如果李森离开巴林、换个工作，或者巴林银行委派一名新的主管来监管李森的工作，银行就不会垮台。有意思的是巴林银行的企业文化，怎么能有这样的情况出现。巴林银行已经弄丢了他们的“为什么”。

曾经激励所有员工的企业文化，在巴林银行已经不复存在。大家虽然有工作的动力，但缺乏向前的目标。巴林银行肯定是通过操控，承诺根据业绩表现发放大额工资，却没有激励人们为了公司的利益而工作。根据李森的回忆，他之所以可以一直钻空子，不是没有人发现，也不是其他人觉得他的所作所为不危险，而是在巴林银行说出来是件丢脸的事。李森的原话是：“巴林银行伦敦分行的人都觉得自己知晓一切，没人敢问这种问题，以免显得自己很傻，沦为他人的笑柄。”巴林银行缺乏明确的价值观和信仰，企业文化薄弱，导致每个人都专注于自己的利益，这对公司的发展来说是致命的。这就好比穴居人之间不相互照顾，整个团体的利益必将受到侵害。很多公司都有星级员工、最佳销售……这类的名号数不胜数，但是鲜有公司的企业文化能保证所有员工多正直、诚实，绝无例外。

信任是种神奇的东西，能让我们完全依赖一个人。我们做决定时，依赖自己信任的人提出的建议。可以说，信任是人生、家庭、公司、社会乃至全人类进步的基石。我们相信社区邻里，才能放心出去吃饭，把孩子留在家里。如果需要找人照顾孩子，我们肯定会选择住得近的邻居，哪怕这个人没有照顾孩子的经验，也不会选择一个其他地方的人，哪怕这个人经验丰富。我们总是说，自己不相信那些外来的人，是因为对他们一无所知。实际上，你可能对另一个人了解也不多，只知道他家也在附近。在这个例子中，我们愿意因为熟悉而忽视经验，把孩子的安全交到别人手中。由此可知，我们相信住在同一社区的人，特别是那些和自己有着同样价值观和信仰的人，总觉得这样的人才值得托付，能安心把自己最珍贵的东西交给他们保管。相比之下，一个人简历再长，只要是来自我们不熟悉的地方，也不能让我们安心。这个发现意义重大。我们在招聘的时候，也总会停下来想一想，到底什么更重要？是一个人的经验和简历，还是他能不能够融入我们的群体？很明显，我们的孩子远比正在招募的职位重要，所以这种时候很多人都会换一套标准。这样的选择真的合适吗？拥有完美的简历就一定能成为一名合格的员工吗？

纵观过往，信任对于公司乃至整个社会的发展至关重要，其作用远远超过技能。还是刚才的例子，夫妻俩晚上要去赴约，把孩子交给自己群体中的人，才能放心离开，才会觉得自己不在的这段时间，家和孩子是安全的。如果缺乏信任，绝对不会有人冒这个风险。没有人冒险，就没有人探索、尝试，整个社会也不会进步。这也是一个重要的概念：只有个体相信某种文化或者组织，才会冒险推动这种文化或者组织整体发展。归根结底，也是因为这与他们的健康和生存息息相关。

不管经验多么丰富、技术多么娴熟，空中艺人一定会先在下面放上保护网练习几次，才能无所畏惧，进行首次飞跃。如果任务过于危险，他很可能会要求在表演的时候必须有保护网。保护网不仅能在空中艺人掉下来的时候接住他，还为他提供了心理慰藉。知道自己有网保护着，他更敢于去尝试那些没做过的动作，或者反复完成某种高难度表演。如果把保护网撤走，他只会做一些能保证自己安全着陆的动作。而且，在空中艺人看来，保护网越是坚固，越可以大胆尝试，为观众带来更完美的表演。杂技团管理者通过安装保护网，获得了空中艺人的信任，这份信任也会感染其他表演人员。很快，马戏团所有的人都敢自信地尝试新的动作，让表演更加出彩。所有人都勇于冒险，也更有自信，提高了马戏团整体的演出效果。演出更好了，观众就更多了，马戏团的生意自然越来越好。但是这一切，都源于最初的信任。在团体或者组织内部的成员，必须相信领导给自己安装了保护网。不管这保护网是真实的还是情感上的，都会给他们带来无限的支持。不再担心、害怕，他们自然也会更加努力，为团体创造更多的价值。

当然，哪怕没有保护网，也有人愿意做第一次尝试，或者反复冒险。有的人就是这样，可以不顾一切地在外面探索，全然不管谁在家里守护着一切。他们确实付出了，有时候真能成为“改革者”。他们总是敢于更进一步，去开拓未知的领域，也许可以推动公司乃至整个社会向前发展，但也有可能不得善终。

从飞机上往下跳，有没有降落伞绝对是不一样的。怎么跳都是极限的体验，但是只有一种能保证你安全降落，再继续下一次跳伞。在一场平平无奇的表演中，一个不用保护网就放开表演、不顾风险的空中艺人绝对能吸引更多观众，但是如果他真出了意外，或者离开这家马戏团，演出怎么办呢？一个人只关注自己的事，不顾及自己会给团队带来什么样的影响时，就会出现这种典型的情况。这时候，个人的冒险对自己、对团队可能都有一些好处，但是这些好处只是暂时的，长此以往肯定会有问题，特别是对整个团体来说。因为这样的体系总有垮掉的一天，到时候整体利益必将受到损害。由此可见，要想有长远的发展，就要获得大家的信任，而不是鼓励个体盲目冒险，就像尼克·李森一样。

那些实力雄厚的机构之所以能够如此出众，主要得益于给了内部成员安全感。强大的企业文化就像一张保护网，让成员找到归属感的同时可以放下心来。每个人工作的时候，想到自己的老板、同事、整个组织都会保护自己，感觉就会不一样。反过来，他们会通过自己的决定、努力和行为来保护整个团体，维护团队利益，创造长远价值。

西南航空一直以顶级的服务而出名，但是在他们的企业文化中有着明确的规定，客户并不是永远都对。对自己员工的虐待和欺凌，西南航空绝不容忍。哪怕得罪这些客户，导致他们更换航空公司也在所不惜。说起来真是耐人寻味，一家以服务著称的公司，居然是把员工放在了第一位。他们的顶级服务不是教条规定，而是源自管理层和员工之间的信任。因此，员工对公司价值观和信仰的认同，以及对企业文化的信任，才是优质服务的先决条件。没有信任，一定会出现其他问题，比如员工不适应公司的企业文化，或者只考虑自己的利益，不考虑公司整体的利益。反过来，如果员工在公司有归属感，就能一起努力开拓、冒险、创造、革新、进步。最重要的是公司上下能一直保持向上的势头，实现业绩持续增长。只有建立信任，才能成就卓越。

真正的信任源自无形之中

“兰博 2 号！”江珀（Jumper）准将对着面前的无线电指挥着，“敌机在 180 度方向 25 英里外，正快速逼近。”

“雷达已显示。”“兰博 2 号”战机回应，表明敌人的飞机已经显示在雷达上。约翰·江珀是一星上将，有着丰富的 F-15 战斗机驾驶经验，数千小时的飞行经验和1000多小时的与敌军作战经验。不管从哪方面来看，江珀都十分出色。他出生于得州的帕里斯（Paris），职业生涯战功赫赫。从货机到战斗机，几乎各类美国机型他都驾驶过。江珀曾获得多次表彰，还是自己联队的总指挥，聪明又自信的他，是所有飞行员的榜样。

但是那天，江珀判断失误了。25英里的距离完全可以开火，或者采取其他进攻方式。洛里·罗宾逊（Lori Robinson）上尉发现了江珀的异常反应，担心他在雷达上锁定了错误的敌机，冷静地重复着自己在几英里外看到的情况："兰博2号请雷达确认，敌机在190度方向，距离20英里。"

作为航空武器控制员，罗宾逊从附近的指挥中心监测着敌机的情况。她的主要工作是提醒飞行员敌机位置，以便阻断、摧毁对方的攻击。这工作和航空调度员不同，不需要提醒飞机保持安全距离，航空武器控制员需要让飞机凑到一起。只有航空武器控制员可以在雷达上纵观全局，统筹规划。飞行员的导航系统上只能显示正前方的情况。

在罗宾逊上尉看来，她的工作不仅是盯着雷达，还要充当飞行员的眼睛和耳朵，好让他们驾驶时速1500英里的战斗机在空中驰骋。洛里·罗宾逊深知自己的工作"为什么"如此重要。她把为飞行员扫清路障作为己任，好让他们专心于本职工作，更加自信地驾驶飞机航行，不断提升飞行能力。正是由于她的使命感，罗宾逊的工作表现异常出色。她不允许自己犯错，因为这样会让她失去飞行员们的信任，更糟的是，甚至会让飞行员怀疑自己的飞行能力。你可能也发现了，飞行员在驾驶过程中，自信心十分重要。

眼看就要出事了。罗宾逊上尉从和江珀的无线电通话中，发现对方语气轻松，完全没有意识到危险正在逼近。这一天风和日丽、碧空如洗，在沙漠上空 2 万英尺的位置，造价高达 2500 万美元的战斗机上，突然响起了刺耳的警报声。江珀这才看到雷达上敌机已经过来了。“向右急转、向右急转！”他能做的只有冲无线电高喊。这是 1988 年 10 月 9 日，江珀准将阵亡了。位于内华达州拉斯维加斯的内利斯空军基地（Nellis Air Force Base）[1]，也是美国空军内利斯武器系统学校（Air Force Fighter Weapons School）[2] 的所在地。就在那天的演练中，另一个美国空军基地的战斗机假扮敌机发射模拟导弹，击中了约翰·江珀将军。

罗宾逊出奇地冷静，只是默默等待着。没多久，江珀将军就冲进了内利斯空军基地的训令室，他冲罗宾逊咆哮着：“你把我给害死了！”“长官，这不是我的错。”罗宾逊上尉冷静地解释道，“您可以通过录像，看看当时的情况。”约翰·江珀作为第 57 联队空军中校，毕业于美国空军武器系统学校，他作为内利斯空军基地的前指挥官，也会在每次训练后通过录像研究任务执行的细节。实

1. 美国战术空军司令部所设为各部队培养“种子”飞行员，为空间和导弹作战军官提供硕士研究生级别的强化教育的军事化学校。

2. 位于内华达州克拉克县。

际上，飞行员都会根据录像发现不足，加以改进。毕竟，录像从来不会说谎。那天也是一样，根据录像显示，确实是江珀将军判断失误。这个失误非常典型，因为江珀忘了自己是团队中的一员，更忘了能在飞行任务中表现出色并不是自己一个人的功劳。他之所以能跻身于优秀的飞行员之列，离不开别人的帮助。在基地有很多人为他忙前忙后，江珀看不到，并不是他们不存在。

毫无疑问，江珀将军不缺经费，在训练中使用的设备、技术都是一流的。但是他之所以如此自信，觉得肯定能完成飞行任务，离不开机械师、教员、其他飞行员、空军基地的文化还有罗宾逊上尉。而他却忘了自己“为什么”这么优秀，做出了错误的决定，差点儿葬送了自己的性命。好在，这只是一场军事演习，可以帮助他从中吸取教训。

距离内华达沙漠的那次演习已经过去了近 16 年，江珀继续在岗位上创造着辉煌。从 2001 年到 2005 年，他一直担任美国空军参谋长，这是美国空军军阶最高的军官，负责本土以及海外超过 70 万名现役、国民警卫队、后备队、文职人员的组织、训练与装备保障。现在的江珀以四星上将的身份光荣退休，作为美国参谋长联席会议（Joint Chiefs of Staff）[1] 的一员，和其他成员一起为美国国防

1. 美国总统和国防部部长最高军事咨询机构，由主席、副主席、陆军和空军参谋长、海军作战部部长及海军陆战队司令组成。

部、美国国家安全委员会（National Security Council）[1] 以及总统出谋划策。

但是我们故事的主角不是江珀将军，而是洛里·罗宾逊。现在的罗宾逊已经成为空军准将，不再整天盯着雷达，观察“敌机”“我机”的动态。尽管工作岗位变了，但罗宾逊还是保持着她的初心，时刻提醒着自己“为什么”来工作。

罗宾逊十分想念手底下的“孩子们”，也总是想办法为天空中的飞行员扫清路障，好让他们，让美国空军飞得更高、走得更远。“现在不是考虑自己的时候，重要的不是你，而是你身边的中尉们。”作为空军武器系统学校的教官，她总是这么提醒学生。“如果我们都能这样，”当她讲到自己的“为什么”时，总会说，“我们的军队，乃至整个国家都会变得更好。这才是我们的使命。”罗宾逊将军的使命感，以及她明确的“为什么”，造就了她的成功。“为什么”的力量不容小觑。

罗宾逊将军努力为飞行员扫清路障，好让他们乘着自信的风去大展拳脚，这种崇高的追求激励着身边的人，飞行员们也甘愿为罗宾逊将军扫清路障，助她一臂之力。军队本是男儿的天下，罗宾逊却凭借自己的领导风格杀出一条路。好的领导者不需要左右逢源，

1. 美国的最高军事决策机构。

也不用恐吓威胁，像罗宾逊将军那样，从“为什么”开始就可以。领导者的使命感和目标，也能激励身边的人一起努力。

罗宾逊将军做武器调度员的时候，表现极为出色，甚至飞行员都会专门要求在训练中由她调控。罗宾逊曾说：“我最大的成就莫过于别人说‘我上战场的时候，要洛里负责雷达操作’。”罗宾逊是美国历史上第一个指挥廷克空军基地（Tinker Air Force Base）552 控制联队的女性。俄克拉荷马州的廷克空军基地是许多美国空军大型飞机的圣地，隶属于美国空军装备司令部（AFMC），控制着加装旋转天线罩与电子设备的波音 707，它是最大的远程空中预警和控制的飞机。同时，罗宾逊还是第一个没当过飞行员的战机指挥官，美国空军武器系统学校，即美国顶级飞行员培养基地的第一位女教官。她的课十分受欢迎——连续被 7 个班级评选为“最佳教官”。罗宾逊将军还是首位担任美军战区司令部司令的女性，曾在美空军总部、美军中央司令部以及美国国防部等多个部门任职。2000 年，罗宾逊还是上尉的时候，美国参谋长联席会议曾说过，罗宾逊一个人改变了他对空军的看法。她的成就还有很多很多。

从任何角度来看，罗宾逊都是一个成功的领导者。有的管理层做事，就好像是树上的猴子，往下看到的都是笑脸。但是这种做法对于底层的人来说很不友好，就好比他们抬起头来，只能看到猴屁股。罗宾逊将军不一样，她对自己的上级和下级都一样尊敬。她的部下信任她，知道她会照顾他们。“放心去干，我来善后。”罗宾逊在航空武器系统学校经常这么教导学生。而且，罗宾逊的上级提到她也是充满敬意，认识她的人曾这么评价："她总是能保质保量完成所有任务，对我来说能做完一半已经很难了。"最重要的是，人们在提起她的时候，语气里透着尊敬，脸上洋溢着笑容。罗宾逊将军之所以能成为好的领导者，不是因为她最聪明，或者最和善。她明白要赢得大家的信任，并不是简单留下个好印象就可以了，还必须为大家服务。信任有着无形的力量，能让人们甘心追随，共同完成任务。就像洛里·罗宾逊，获得了大家的信任，一切都能做好。

军队中的例子能更深刻地说明信任的重要性。当一个人能够融入企业文化之中，并且和自己的团体有着共同的信仰和价值观的时候，自然就会产生信任。能够积极管理价值观和信仰的地方，人们之间自然不乏信任。如果一家公司不能维持黄金圈法则的平衡——做不到够明确、讲原则和相贯通——就会有信任危机。因此，任何组织机构都必须积极主动，时刻提醒所有人，你们的存在是"为什么"。每个人都要谨记公司为什么会成立，公司的信仰是什么，并且以践行公司的价值观和原则为己任。把这些贴到墙上一点儿用也没有，不能帮大家化被动为主动。所有的奖励和刺激政策都要紧紧围绕"为什么"。员工为公司效力的同时，公司也要反过来为员工服务。

维持黄金圈的平衡，与企业文化相符合的员工之间更能相互信任、相互合作。只有这样，才能让每个人都深信，所有人都在“努力让组织变得更好”。这句话也是出自罗宾逊将军。也只有这样，才能激发人们无限的热情。当一个人找到归属，融入和自己拥有同样信仰的群体中，为了崇高的事业一起努力的时候，每个人都会燃起热情。同时，如果员工和公司之间没有建立信任，觉得公司没有明确地规划朝着“为什么”努力，他们的热情也会大打折扣。公司没能经营好信任，人们只会被动工作，满心想的都是自己。这是人们玩弄权术的根源——为了实现个人利益，不惜以牺牲他人利益乃至整个公司的利益为代价。公司不能把信任经营好，员工就不会相信自己的公司，工作的最大动力也成了使个人利益最大化。短期来看这似乎无伤大雅，但是长此以往肯定会削弱公司的整体实力。

赫布·凯莱赫作为西南航空幕后的规划师，深知经营信任对一家公司来说有多重要。要让员工发挥主动性，创造更大的价值，最好的方法就是为他们创造一个舒适、信任的环境，让他们感受到公司的关怀。凯莱赫相信，如果一名员工觉得自己的工作非常重要，自然会努力把它做好。在一次采访中，有记者曾问过凯莱赫，股东和员工谁更重要。他的回答惊煞众人，时至今日还有很多人没有做到。凯莱赫回答：“答案很简单，肯定是员工重要。对员工好，他们就会对客户好。对客户好，他们就会再次购买公司的产品，股东自然也能高兴。这并不是什么难题，更像是一个规律。”

他人的影响

谁是你更信任的人，认识的人还是不认识的人？哪种产品你觉得更好，广告推销的还是朋友推荐的？谁的话更可信，告诉你“菜单上每样菜品都很美味”的服务员，还是告诉你千万别点“鸡肉炖菜”的服务员？答案一目了然，那么我们换个问题，为什么别人会信任你？

个人推荐总是深得人心。我们深受文化的影响，愿意相信别人的判断。但是，可不是随便一个人都能获得我们的信任。人们更愿意相信那些和自己有着同样价值观和信仰的人。当个人利益与团体利益互通的时候，我们能完全信任团队成员，相信他们做什么都会从整体利益出发。拥有相同价值观和信仰的人相互信任，共同努力，是社会进步的不竭源泉。

信任和“为什么”都受同一个结构的控制——我们的边缘系统——边缘系统功能强大，甚至能打败实证研究，或是植入怀疑的种子。因此，很多操控手段都立竿见影，因为不管怎样，我们都愿意相信别人懂得多一些。可以确定的是，在选择木糖醇口香糖的时候，5 个牙医里起码有 4 个比我们懂得多（剩下那一个呢？肯定也知道点儿别人不懂的东西）。而且名人代言总能赢得我们的信任。这些人本来就有钱，用的肯定是好的。他们愿意用自己的名誉去维护某种商品，这东西肯定不错，不是吗？

看到这个问题，想必你脑子里已经有答案了。明星代言肯定是因为能拿到代言费。要是找他们代言没有效果，这些商家也不会用这一招了。或者说，商家也是害怕人们容易受到代言的蛊惑，所以愿意花上百万美元请明星来对着镜头眨眨眼，或者笑一笑，让消费者跟着选择某种汽车，或者某种口红。实际上，我们在做决定的时候，对于自己认识的人，或者觉得自己可以信任的人完全没有抵抗力。

名人代言就是利用了消费者的这种心理。大家都觉得，大众都熟悉的人说出来的话更容易令人信服。觉得单靠名人就能影响人们的行为，也经不起推敲。商家之所以会这样，还是源于同辈压力。要想让广告效果更好，名人需要在推销商品的同时，展示出某种信仰或者理念。打个比方，一名运动员的敬业精神可能符合某公司的信仰，或者一名热衷于慈善事业的演员很适合为有着同类想法的公司代言。这两个例子有一个共同点，就是品牌方和名人都有一项共同奋斗的事业。我最近看了一条德美利证券（TD Ameritrade）的广告，代言人是脱口秀主持人里吉斯·菲尔宾（Regis Philbin）和凯莉·蕾帕（Kelly Ripa）。到现在我还搞不明白，两个脱口秀演员代表的是什么，这又和理财有什么关系。如果一家公司找明星代言，是觉得“希望通过名人的某项特征，让消费者联想到我们的品牌”，还是没有搞清楚该怎么做。名人代言还是停留在“做什么”阶段，它是为公司的“为什么”服务的。只有你的公司具备了这种品质，找相符合的名人代言才有效果。没有明确的“为什么”，广告只能帮助你刷刷存在感。

我们的很多决定和谈判合同，其实都是以 Q-score 为基础。Q-score 指的是广告质量得分，是对广告质量的衡量标准，在这种情况下就是广告中的名人知名度有多高。这个数值越大，名人效应就越好。但是，光有名人远远不够。代言人的“为什么”越明确，越能更好地传达出品牌方的共同特质。可惜的是，对于明星的“为什么”，并没有一定的评判标准，因此很多商品请名人代言，只能是蹭蹭热度。如果你能让目标群体明确感知到代言人的信仰，让他们感觉明星也是“我们中的一员”，也帮助消费者找到认同感，短期内拉动销售额的增长。但是这种做法，还是不能建立信任的桥梁。

信任的人推荐的东西，可以胜过无数事实和数据，甚至比几百万美元的广告费更有说服力。举个例子，一个新晋奶爸想要为自己刚刚降临的孩子提供最好的一切。他决定换一辆新车——一辆更安全的、能够保护孩子的车。他用一周的时间研究汽车杂志和测评，几乎看了所有的汽车广告，然后决定周六去提一辆沃尔沃（Volvo）。这是他基于数据做出的决定。周五晚上，这个爸爸和妻子共赴晚宴，其间碰到了一个朋友，他是本土汽车发烧友。这个新手爸爸径直走过去，骄傲地宣布自己为宝宝考虑，要买一辆沃尔沃。他的朋友一听立马反驳道：“为什么？奔驰才是最安全的汽车。你要是为孩子好，就该买一辆奔驰。”

这个爸爸既想证明自己是个为孩子考虑的好爸爸，又相信朋友的判断。那么接下来，只可能有三种结果：他改变主意买了奔驰；他还是按照原计划买了沃尔沃，但是心里忍不住犯嘀咕；重新研究汽车数据，找到一个满意的答案。不管他朋友的话有没有依据，只要让这个爸爸动了心，他就会开始焦虑，怀疑自己的判断。这个例子足以说明，别人的观点对我们会有影响。我们越相信这个人，影响就越大。

由此可见，汽车公司要提高销量，不是要去说服这个父亲，更不是去取悦这个懂车的朋友。关于购买者和影响者的研究，已经有很多了。所以对于商家来说，真正要搞明白的是，要怎么做才能拥有更多的影响者，然后利用信任的力量转败为胜。

第七章
引爆点是如何引爆的

如果我告诉你，有家公司研发出了一种新技术，可以改变我们对电视的认知，你会不会心动？是不是想要买它的产品？或者投资这家公司？还有更好的！它的产品无与伦比、质量一流，赶超市场上同类商品，而且这家公司公关做得很到位，已经成功打响了牌子。怎么样，是不是更有兴趣了？

TiVo 公司[1]就做到了这些。看起来TiVo 已经万事俱备，成功唾手可得，可最后产品不仅销量惨淡，还欠了一屁股债。TiVo 已经具备了成功所需的所有要素，最后却搞砸了，这完全不符合常规逻辑。但是，如果我告诉你这家公司认为“做什么”比“为什么”更重要，而且违背了创新扩散理论（Diffusion of Innovations）[2]，一切就

---

1. 美国一家科技公司。

2. 创新扩散理论是由美国学者埃弗雷特·罗杰斯（E.M.Rogers）于 20 世纪 60 年代提出来的。创新的扩散是指新观念、新事物、新产品在特定的社会系统中，通过特定的渠道，随着时间推移而普及、扩散的过程，侧重于大众传播对社会文化的影响。

显得合情合理了。

2000年，马尔科姆·格拉德威尔（Malcolm Gladwell）出版了新书《引爆点》，在为自己引爆的同时，向我们解释了在商界和社会中如何制造引爆点。格拉德威尔在书中讲到了两类重要的人群：联系员和影响者。他观点犀利、字字珠玑，但还是让人不禁疑惑，影响者为什么要和别人讲到你呢？营销人员一直致力于感染更多的影响者，但是很少有人明白到底要怎么做。毋庸置疑，格拉德威尔讲的引爆点确实存在，引领流行的条件也是对的。那么，我们能有意识地创造引爆点吗？引爆点绝对不是偶然出现的，如果它真的存在，我们通过用心经营，也能引爆。这么说来，我们是不是也可以一直创造引爆点，让成功延续下去？一次的引爆延续成长期的流行，大概就能将狂热的想法转换成改变行业乃至整个社会的新思想。

埃弗里特·M.罗杰斯（Everett M. Rogers）1962年出版的书《创新的扩散》（*Diffusion of Innovations*），第一次系统地描述了创新是如何在社会中扩散的。三十年后，杰弗里·摩尔（Geoffrey Moore）在其著作《跨越鸿沟：颠覆性产品营销指南》（*Crossing the Chasm*）中，进一步延伸了罗杰斯的理论，并把其中的观点运用到了高新技术产品的营销策略中。但是，《创新的扩散》的内容远远超越了科技创新的范畴，它为我们解释了想法是如何传播的。

哪怕你没有听说过其中的定律，也肯定了解一些相关的术语。

罗杰斯按照“创新思维”标准，将采纳者分为五个群体：创新者、早期采用者、早期大众、晚期大众、落伍者。

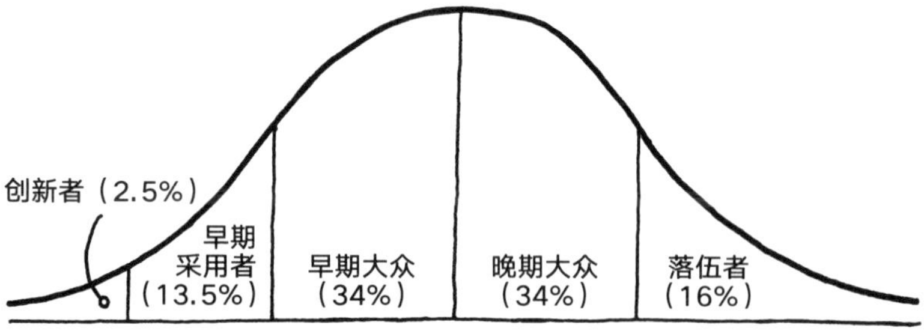

根据创新扩散理论，2.5% 的人属于创新者，接下来 13.5% 的人属于早期采用者。摩尔认为，创新者最突出的个性在于冒险精神，他们拥护新产品和新想法，热衷于进步，争当第一。他们就是真正的“创新者”，虽然所占比重很小，但总是为我们带来新的观念，让我们重新审视眼前的世界。

早期采用者相当于社会中的意见领袖，他们和创新者一样拥抱新观念和新科技带来的进步。早期采用者总是能发现新观念，并能忽略些许的不完美，看到其中的无限潜力。虽然他们乐意引领时尚，尝试新事物，但和创新者不同，其并不是新观念的创始人。正如摩尔所说，创新者和早期采用者十分相似，他们都相信自己的直觉，跟着心里的感觉走。

为了拥有新产品、拥护新观念，早期采用者愿意多花点儿钱，或者承受一定程度的不便，但是这些努力和创造者相比还是有差距的。在扩散曲线左端的人，为了买到苹果新发布的手机，愿意排6小时的长队，尽管等上一周就能直接去店里买。他们的付出和商品本身没有什么关系，这更是源于对自我身份的探索和认同。哪怕多花一点儿钱，克服一些困难也没关系，他们就是要成为引领风潮的第一批人。

平板电视机刚上市的时候，尽管显示器技术还不成熟，也有人愿意花4万多美元去感受一下新产品。我的朋友内森就是这样。有一次我去他家，至少看到了12对蓝牙耳机。我问他为什么买这么多，“难道这些都坏了吗？”“当然不是。”内森告诉我，“总是会出新款的耳机。”（他家还堆放着至少5台笔记本电脑，好多部黑莓智能手机，一箱又一箱的电子产品。）内森就是典型的早期采用者。

接下来的34%是早期大众，然后是晚期大众，以及曲线最右端的落伍者。落伍者因循守旧，只要还生产旋转号盘电话机，就不去买按键电话。早期大众和晚期大众比较务实，也更为谨慎。他们面对新事物会权衡利弊，再做决定。相比之下，早期大众比晚期大众更容易接受新思想和新科技。

越是靠曲线右边的人，作为客户或者消费者更关注你有什么，而不相信你的信仰。所以，不管你多么努力，似乎也不足以取悦他们。因为这些人更关注价格，几乎不对品牌忠诚。右边的群体也很少向别人推荐自己买的东西，有的时候你甚至都怀疑，自己到底为什么要和他们打交道。直觉总是提醒着我们，“他们根本不懂”。因此，我们需要学会分辨这类人，避免与之交易。为什么要把有限的资金和经历花费在这类人身上呢？谁能满足他们的客观需求，他们就选择和谁交易，完全没有忠诚可言。这类人在接触过程中很容易分辨，问题在于，我们要在合作之前，及时判断对方是不是这种人。

我们到底对应曲线上的哪一类人，也和不同的产品、观点有关系。大多数人都会对特定的产品和观点忠心耿耿，面对这些，自然就会往曲线右边靠拢。对于曲线一端的人来说，很难理解另一端人群到底想些什么。在时尚方面，我妹妹绝对是早期采用者，我则更倾向于晚期大众。直到最近，我才赶时髦花大价钱，买了一条设计师款的牛仔裤。这裤子的上身效果确实不错，但是在我看来还是不值这么多钱，我妹妹就不会这么想。

但是，面对科技产品，我也能算得上是早期采用者。蓝光DVD播放器上市没多久，我就买了一台。这比一般的播放器要贵四五倍。我妹妹不明白为什么会有人花这么多钱买“没用的东西”，这是她的原话。关于孰好孰坏，我们从来没能达成一致。

每个人面对同样的事物，会赋予不同的价值，自然会有不同的行为反应。因此，想要通过讲道理、列好处，让一个人认同你的产品或者观念，几乎是不可能的。这就好比争论法拉利和本田奥德赛到底哪个更好。不管是设计牛仔裤的公司还是我妹妹，再怎么和我讲这裤子面料好、设计合理、剪裁细致，我也是左耳朵进右耳朵出，任凭他们说到口干舌燥也不会动心。同样的道理，和我妹妹讲 500 美元的 DVD 播放器比 100 美元的好在哪里，她也绝对听不进去，这一点毫无疑问。所以我们又要老生常谈再说一遍，尽管操控有效果，却不能带来忠诚的客户，而且会给买卖双方带来无形的压力。

当一个人或者组织机构想要卖东西的时候，不管卖的是产品、服务还是观念，都希望能得到大众的认可，同时大获全胜。也就是能够把曲线上的各类人都招揽过来。这话说起来容易做起来难。如果你去问一家小型公司，它的经营目标是什么，大部分人的答案都是在几年内（具体年数可能不一样）成为亿万富翁，但是真正能实现这个目标的，微乎其微。美国有 2700 万家注册公司，只有不到 2000 家的年收入能超过 10 亿美元。而且，99.9% 的美国公司只有不到 500 名员工。这也就是说，想占有大众市场是件很难的事情。

话说回来，哪怕是那些大公司，想保持自己的商业地位也不容易。就算侥幸坐过第一把交椅，也不一定知道这么大的市场占有率是怎么来的，自然不能一直保持绝对优势。打个比方，微软公司推出的便携媒体播放设备 Zune，想要凭此“打败 iPod”。最后当然是没有成功，尽管 Zune 的质量很好，但是想要占领市场绝对不是产品好、营销好就可以的。别忘了 20 世纪 80 年代，尽管 Betamax 技术更有优势，还是没能打败 VHS 家用录像系统，成为那个时代的录制和播放标准。笑到最后的不一定是最好的。如果想得到大众的认可，必须承认扩散定律与其他自然定律一样，所以我们要遵循扩散定律。不然的话，白花钱不说，成功也会大打折扣。

说到占据市场，讽刺的是，如果你以曲线中部的人群为营销目标，把资源都用在他们身上，想达到目标几乎是不可能的。我们要先拿下早期采用者，然后更进一步，取悦曲线中部的人群。当然了，你还是可以从中间的人群开始，只是这样通常事倍功半，损失惨重。罗杰斯指出，要有人试验过之后，早期大众才会尝试。早期大众人数庞大，他们需要使用过新型产品或者服务的人做出推荐，才能接受变革。有人在他们之前使用过，对他们来说非常重要。只有信任的人向他们推荐，才能放心。

根据扩散定律，想要占据大众市场，必须先拿下 15% 到 18% 的市场份额。因为早期大众不愿意做第一批尝试新鲜事物的人。因此，我们会选择降价，或者提供额外服务，就是为了让这群务实的早期大众放下戒备，安心购买。这种做法就是典型的操控。虽然这批人跟风买了，但是绝对不会对品牌忠诚。只有当一个人愿意花高价，或者承受不便选择某一品牌的时候，才能称得上忠诚。忠诚的客户能拒绝优惠的诱惑——后期大众绝对不会这么做。要想系统引爆，关键在于贸易迅速增加，理念迅速传播。这样一来，新商品就能占据大众市场，新观念也能引领变革。快速增长自然而然就能够实现。

因此，我们做生意的目标不应该是把东西卖给想要这些东西的人——大众——而是找到那些和你有着共同信仰的人，即曲线左部的人群。他们在你的工作中看到了更大的潜力和价值，愿意多花钱、多费力，成为崇高事业中的一分子。同时，他们还会不自觉地向别人推荐你。这 15% 到 18% 的人不仅愿意买你的产品，还和你有着同样的信仰，愿意将你的观念、产品和服务融入自己的生活，用“做什么”服务于自己的“为什么”。在他们看来，你通过“做什么”把他们的目的、初衷和信仰，向全世界展示了出来。你的产品或者服务是他们信仰的体现，所以他们宁愿多花钱、多费力选择你，也不去选择其他商品。正是由于他们明白“为什么”需要你的产品，才会成为你忠诚的客户、股东或者员工。无论他们是曲线上哪一部分的人，都不会改变对产品的热爱，也不会停止口口相传。赢得曲线左面的人，他们就能帮你游说剩下的人。

我经常问公司主管同样的问题：新的推广能转换成多少的市场占有率。很多人都会骄傲地回答：“10%。”哪怕没有遵循黄金圈法则，答案几乎还是 10%。我们都知道，广撒网，多敛鱼。要想增加交易，就必须多尝试。也正因为如此，把曲线中部的人群作为营销目标代价太大，这样做也许能增加交易额，但是你争取到的还是这 10% 的人，不足以引爆。

而且，面对着 10% 忠于你的客户或者消费者，你能明白他们为什么选择你吗？你可能连喜欢自己的伴侣哪一点都说不出来，面对这个问题也只能含糊搪塞，“他们懂我”。这话倒是说得通，但是完全没有可操作性。你要怎么做才能让更多人都“懂你”呢？这就是摩尔所说的“鸿沟”，也就是如何从早期接受者拓展到早期大众。如果搞不清“为什么”，这个鸿沟将难以逾越。

如果我们能把焦点放在那些早期接受者上，早期大众迟早都会跟过来。但是，要做到这点必须从“为什么”开始。只是去关注那些所谓的“影响者”远远不够。而且，谁才是影响者呢？确实，有的人似乎影响力更大，但是在不同场景中，我们都可以成为影响者。你要找的不是影响者，而是和你有着共同信仰的人。这样的人不需要利益刺激，就会发自肺腑想要向别人推荐你。真正在曲线左部的人完全不需要任何奖励，他们爱着你的爱，梦着的你梦，自然想带动更多人。收买影响者的行为本身就是操控，人们很快就会发现他的推荐只是为了满足个人利益，并不是为大家考虑。慢慢地，影响者就会失去人们的信任，毫无影响力可言。

拒绝扩散定律的惨重代价

1997 年，TiVo 为了把高端的新型设备推向市场，做足了营销。确实，它的产品从问世到现在，绝对是同类商品中的佼佼者，质量也好得没话说。TiVo 公司公关工作也做得很到位，产品一经问世就打响了旗号，获得了极高的品牌认知度。这对其他公司来说，简直是做梦都不敢想的。我们知道很多大受欢迎的品牌，都成了同类产品的代名词，比如舒洁面巾纸、邦迪创可贴、Q-tips 全棉棉签。

TiVo 更进一步，它不仅代表一类商品，还是人们这类动作的代名词。大家要录像的时候，都会说要把节目 TiVo 下来。

坐拥大量的风险资金和前沿的技术，TiVo 完全有能力改变整个电视产业。但可惜的是，TiVo 禁不住大众市场的诱惑，把销售目标定位在扩散曲线中部的人群。忽视了扩散定律的准则，想从一开始就占领大众市场，是 TiVo 的第一个错误。除此之外，他们还忘记了告诉大家自己的“为什么”。不从根源出发介绍公司或者产品存在的原因，只是一味地贩卖“做什么”，希望通过强调产品功能、增加购买优惠，就能吸引挑剔的大众。

这无异于告诉大众：

> 我们有了一种新产品。
>
> 能让直播节目暂停。
>
> 还能跳过广告。
>
> 不需要单独操作，就可以记录你的观看习惯和记录。

这么好的东西，不仅分析人士想要研究，竞争对手也想要学习，比如新成立的 Replay 公司。一名市场研究人员估测，一年之内，就会有至少 76 万人订购这种个人电视录像设备。

1999 年，TiVo 正式进入市场。公司创始人吉姆·巴顿（Jim Barton）和麦克·拉姆齐（Mike Ramsay）深信，广大的电视观众肯定会为之疯狂。如果 TiVo 知道如何正确地和消费者沟通，也许他们的愿景可以实现。然而事实是，虽然分析人士和科技爱好者为之兴奋，但新产品的销售量远没有预期那么好，第一年仅卖出了 4.8 万台。与此同时，Replay 公司也偷鸡不成蚀把米。本来该公司有着雄厚的资金，其投资人还包括网景（Netscape）[1] 浏览器的创始人。可是到最后 Replay 不仅没赶上潮流，还因帮助观众跳过广告卷入了和电视网的纷争之中。2000 年，Replay 迫于压力改变了策略，但最终还是没能逆转运营困境，于几个月之后被卖给了 Sonic Blue 公司。这家公司最后也宣布了破产。

TiVo 的数字录像机居然销量惨淡，这让分析人士百思不得其解。毕竟，TiVo 可谓占尽了天时、地利、人和，拥有成功需要的所有条件：质量一流的产品、充足的运营资本，以及理想的市场环境。2002 年，也就是 TiVo 的数字录像机问世 3 年后，《广告时代》（*Advertising Age*）中的一篇文章曾深刻抨击："美国有户外厕所的家庭都比有 TiVo 的家庭多。"（确实，当时有 67.1 万的美国家庭有户外厕所，但是拥有 TiVo 的家庭数量仅在 50.4 万～ 51.4 万。）销售量差了，盈利肯定不行，股东也都跟着倒霉。1999 年首次公开募股的时候，TiVo 的股价每股也就刚过 40 美元，几个月后股价最高的时候，也是刚过 50 美元。接下来更是一路走低，从 2001 年至今只有 3 次短暂的回温，其他时候股价就没有再超过 10 美元。

---

1. 网景是网景通信公司（Netscape Communications Corporation）的常用简称。网景通信公司曾经是一家美国的计算机服务公司，以其生产的同名网页浏览器 Netscape Navigator 而闻名。

根据黄金圈法则，很容易看出 TiVo 失败的原因——让人们动心的不是“做什么”，而是“为什么”。但是，TiVo 却反复向消费者强调自己的商品“是什么”，有什么功能、有什么优惠。因此，那些看重实用性的大众消费者自然不买单。“我不明白这是什么东西。我不需要这个，也不喜欢这个。这东西让我害怕。”只有少部分的品牌支持者，即大概 10% 的人“懂”它，也就是说只有这么一点儿人不需要知道 TiVo 的“为什么”也会去买新产品。尽管这批忠诚的消费者一直都支持着 TiVo，但是并不足以带来预期的引爆点。

在产品宣传过程中，最该向大众传达的是公司的信仰，也就是“为什么”要制造这种产品，然后再投放市场，把自己的发明和那些喜欢革新的人，以及早期采用者分享，因为这些人和他们有着一样的信仰。如果 TiVo 从一开始就能先讲清楚“为什么”，就可以通过自己的产品进一步证明自己更高的追求——用“做什么”来证明自己的“为什么”，保持黄金圈法则的平衡。这样的话，很可能会有不一样的结果。我们可以在功能和优惠不变的情况下，从“为什么”开始，把要传达的信息修改一下。再看看这和之前的话有什么不一样：

> 如果你也想要掌控自己的人生，我们的新产品正适合你。
> 它能让直播节目暂停，
> 还能跳过广告，

回放之前的节目。

不需要单独操作，就可以记录你的观看习惯和记录。

在这个宣传中，产品所有的功能和优惠都不是购买的理由，而是进一步证明了 TiVo 的“为什么”。“为什么”是一种信仰，引导我们做出决定，“是什么”只不过是我们为之着迷的一个理由。

针对销量过低的状况，TiVo 官方也给出了自以为合理的解释，这进一步证实了他们没能做消费者定位。2000 年，TiVo 的发言人瑞贝卡·贝尔告诉《纽约时报》的记者：“消费者根本不知道自己有多么需要这个产品。”按照这话的逻辑，所有的新科技、新产品都没有人会买。这种说法绝对有待商榷。贝尔女士的话也不是一点儿道理都没有，大众市场确实没有意识到数字录像机的价值。但是很明显，TiVo 没有搞明白自己的新产品为什么“没多少人尝试”。要想收获不一样的结果，必须进行有效的沟通，同时调动起扩散曲线左部人群的积极性。有了他们的推荐和游说，大众才会跟着买单。TiVo 错在了没有从“为什么”开始。他们忽视了扩散曲线左部的人群，完全没有找到引爆点，所以“没多少人尝试”，大众市场销售惨淡。

转眼过了 10 年，TiVo 生产的数字录像设备还是最好的，知名度也保持领先，几乎所有人都知道这个东西有什么用，但是公司的发展前景仍然不容乐观。

数百万的电视观众，还是会把 TiVo 当动词，说把节目 TiVo 下来。可惜他们用的产品却不是 TiVo，而是有线电视自带的数字录制系统。当然也有很多人会说，TiVo 的失利主要是因为有线电视有着得天独厚的分销优势。但是我们都知道，人们愿意多花钱，愿意忍受不便，只为能买到自己心里认同的商品。直到现在，也有人为了买到定制款的哈雷摩托车，多等六个月到一年。交了钱这么久才能送货，怎么说这服务都不合格。为什么不直接去川崎（Kawasaki）摩托车的店里买呢？到那里交了钱就能把摩托骑走。而且类似车型、马力的摩托，在川崎买价格可能还更低。说起来，愿意忍受不便等着哈雷送货的人，要的不是一辆摩托车，他们要的是哈雷摩托。

犯同样错误的公司还有很多，它们都违反了黄金圈法则，没能成功引爆。比如一度风光的卫星无线电公司 Sirius 和 XM 卫星广播。两家公司都实力雄厚，在推广新技术的时候做足了宣传，既没有广告，电视台也更多，听上去比竞争者好太多了。两家公司也抓住优势，想通过产品的功能和优惠政策，激起大众的购买欲。它们请了一众名人代言，比如说唱歌手史努比·狗狗（Snoop Dogg）、20 世纪 70 年代的流行巨星大卫·鲍伊（David Bowie），但这些都没能为公司带来长久的口碑。当我们从“为什么”开始的时候，那些有着同样信仰的人，自然而然就会被吸引过来。要想引爆，不是商品质量过关就可以的，还需要那些有着相同价值观和信仰的人的支持。我们要做的，就是明确自己的目的、初衷和信仰，让所有人搞明白你的产品或者服务，是怎么进一步推行这些理念的。缺少了

“为什么”，新颖的想法和技术，很快就会屈服于价格和功能的小游戏——最后沦为无差别商品。有问题的不是这些技术，而是试图推广技术的公司，忽略了“为什么”的重要性。也正因为如此，卫星无线电始终没能取代商业电台。哪怕后来 Sirius 和 XM 卫星广播合并，也没有激起任何水花，联手后的股价还是每股不到 50 美分。上次看到 XM 卫星广播的广告时，它还是在鼓吹自己的折扣、优惠，能够免运费，是“美国第一卫星广播，有 170 多个频道”。

帮助群众找到信仰

1963 年 8 月 28 日，25 万名来自全国各地的群众聚集到华盛顿广场。在那里，马丁·路德·金发表了著名的演讲《我有一个梦想》。当时集会的组织者并没有发出 25 万份的邀请函，那个时代更是没有网络的传播和提醒。那么，为什么有这么多人在同一时间、同一地点聚集到一起了呢？

20 世纪 60 年代初，种族隔离和种族歧视根深蒂固，美国社会四分五裂。仅 1963 年一年，就有几十个城市爆发暴乱。在这种情况下要怎么做，才能把“人人生而平等”的理念转化成改变美国上下的民权运动呢？答案就藏在黄金圈法则和扩散定律之中。

那个时代有很多人和马丁·路德·金一样，知道要改变美国民权的现状，应该“做什么”。他们都有很多想法，很多方案。相比之下，马丁·路德·金也不是所有想法都尽善尽美，人无完人，他也是一样。

但是他对于自己的理想和信仰异常坚定。他深信美国需要改变，有着明确的“为什么”，强大的使命感给了他无限的动力和能量，哪怕前路坎坷、困难重重，也绝不退缩。别的人可能也有同样的愿景，也期待能建设出全新的美国，但是他们都经受不起失败的打击，没有多久就放弃了。失败是痛苦的，面对失败还能继续坚持，日复一日不曾妥协，远比知道“做什么”更重要。要想让民权运动的春风吹过美国大地，发起人必须有号召力，能够激励大众。其他人也许也能改变立法，但是他们需要的是翻天覆地的变革。只有全国上下为了共同的事业聚集到一起的时候，奇迹才会出现。大家参与进来不是迫于无奈，而是发自真心想要成为这伟大事业的一分子。一个人单枪匹马，不会有这么大的影响力。马丁·路德·金是把所有有着共同信仰的人召集到了一起。

要实现自由平等，具体“怎么做”，或者“做什么”，不同的团体有着不同的策略。有的使用暴力，有的则倾向绥靖政策，但是不管“做什么”“怎么做”，他们的“为什么”都是一样的。马丁·路德·金之所以能够得到大众的支持，除了坚定的信仰外，更重要的是他能准确、清楚地把自己的“为什么”表达出来。这是他的一种天赋。在讲述自己信仰的同时，也激励了所有的人：

“我相信。”

“我相信。”

“我相信。”

“世上有两种法律。”马丁·路德·金博士分享过，“公正的和不公正的。我坚决主张服从公正的法律，这不仅是法律责任，也是道德上的责任；相反，每个人在道德上都有责任去拒绝服从不公正的法律……任何提高人格的法律是公正的，任何贬低人格的法律则是不公正的。种族隔离的法律都是不公正的，因为隔离制度扭曲灵魂、泯灭人性。”马丁·路德·金的信仰不局限于民权运动。当然了，他的“为什么”植根于自己生活的背景和经历，也和他的肤色紧密相连，而民权运动对于他来说，更是一个把自己的“为什么”传达出来的平台，好让所有人都知道他对平等的追求。

人们听到这些，会被他的信仰震撼，会为他的语言感染。有着同样信仰的人也会加入他，一起为平等而努力。他们向所有人传达自己的信仰，这些人再告诉其他人，就这么口口相传。然后再把这些人都组织到一起，更有效地传达他们的信仰。

这才有了1963年的夏天，25万人在林肯纪念堂前共同聆听马丁·路德·金的演讲《我有一个梦想》。

有多少人是为他这个人而来的呢？

一个也没有。

他们之所以会在这儿相聚，是因为有着共同的信仰。同时他们都相信，这次集会能把美国变得更好。因为想要让自己的价值观和信仰在自己的国家中生根发芽，愿意坐8个小时的车，愿意在酷夏8月的正午，站在大日头底下听马丁·路德·金演讲。他们聚集到华盛顿，只不过进一步证明了他们的信仰。这些“做什么”都是他们“为什么”的表现。平等是他们的追求，也是他们愿意为之付出的事业。

马丁·路德·金鼓舞人心的演讲，再一次提醒了在场的每一个人，自己心里想要的到底是什么、追求的到底是什么。演讲的内容不是要怎么做，而是他们的共同信仰。他的演讲是“我有一个梦想”，而不是“我有一个计划”。这是对自己意图的说明，而不是行动指南，按着做就能推动美国的民权运动。马丁·路德·金并没有制订计划，而是为美国的发展指明了前进的方向。计划他当然也有，但大可不必在林肯纪念堂前讲出来。

正是由于这铿锵有力的陈述，马丁·路德·金把自己的信仰明确地表达了出来，只要是有着同样信仰的人，哪怕因为种族遭受过不公待遇，也会被感染。当天参加集会的人中，有差不多四分之一是白人。他们的信仰不是关于黑人的，而是关于整个美国。而马丁·路德·金博士，就是这项崇高事业的领导者，这份事业不谈肤色，是他们共同的追求。

人们追随马丁·路德·金，不是因为他的计划，而是因为认同他的信仰。他和所有伟大的领导者一样，能明确表达出自己的信仰，也成了这一信仰的代名词和这份事业的象征。时至今日，美国还有马丁·路德·金的雕像，时刻提醒着所有人要把这份信仰传承下去。人们追随他，不是因为他理想中的美国，而是因为自己理想中的美国和他的追求一样。我们大脑中影响行为、负责决策的区域，并没有语言方面的能力，所以我们可能说不出自己情感上的原因，只能找其他合适的理由。可是，这些理由再好，也不足以激励一个人采取行动。所以，当问到大家在那一天为什么会去参加活动时，人们都会指向金博士，“因为我相信”，用简单几个字一语带过。

马丁·路德·金清楚地帮助所有人诠释了他们内心的真实感受。他的每个字都鼓舞人心。他说出了人们所相信的理念，人们才会把这些和朋友分享。那一天，在林肯纪念堂前的所有人，都有着同样的价值观和信仰。无论种族、肤色、性别是什么，他们相互信任。而这种信任，把他们紧紧联系在一起，加上共同的信仰，才点燃了这场影响全国的民权运动。

我们相信。

我们相信。

我们相信。

4

如何唤起认同者的激情

第八章
要先问“为什么”，但也要知道“怎么做”

活力令人兴奋，魅力激励人心

史蒂夫·鲍尔默（Steve Ballmer）是比尔·盖茨（Bill Gates）之后微软公司的CEO。在一次公司的全球峰会上，他在欢呼声中走上了台。鲍尔默向所有人大声表白自己对公司的热爱，他总是活力满满，每次上台都有办法让人群沸腾。鲍尔默挥舞着拳头，在台上来回踱步，他声音高亢，汗流浃背。大家都喜欢他在台上，也都喜欢他。从鲍尔默身上我们不难看出，活力绝对能鼓舞士气，令人兴奋，但是单靠活力，能够激励人心吗？第二天或者下一周，如果员工看不到鲍尔默活力四射的演讲，会怎么样呢？活力能让一个有着8万名员工的公司找准自己的方向吗？

和鲍尔默相比，比尔·盖茨正好反过来。他害羞又局促，甚至有点儿社恐，一点儿也不像人们印象中市值上百亿美元的公司领导者。比尔·盖茨的演讲也没那么有活力，但是每一次他在台上，台下的人都会屏住呼吸，仔细地听他说的每一个字，生怕错过一点儿信息。当比尔・盖茨讲话的时候，他不会调动一屋子人的激情，但是会激励所有人的内心。在座的人会在接下来的几周、几个月，甚至几年中都记着他的话，并以此为准则。比尔・盖茨，没有那么多的活力，却能激励人心。

活力令人兴奋，魅力激励人心。有活力的人有很多，容易衡量，也易于模仿。魅力就不一样了，我们很难讲清它是什么，没有办法衡量，更没有办法拷贝。所有出众的领导人都有着明确的“为什么”，这正是他们的魅力所在。因为这些人不为个人的利益，而是为了更崇高的事业而努力。让我们深受激励的，不是比尔・盖茨对计算机的热爱，而是他发自心底的乐观，是他那种哪怕遇到再大的困难，也能解决的淡然。比尔・盖茨相信，我们总能找到方法消除障碍，让所有人都能在工作和生活中发挥自己最大的潜力。我们也是被他的信仰吸引，为他的乐观倾倒。

比尔・盖茨见证了电脑的变革，在他看来，电脑能帮助我们提高效率，发挥潜力，是一种堪称完美的前沿科技。信仰激励着他，把电脑的普及作为奋斗目标，致力于让所有人的桌子上都能有一台电脑。有意思的是，微软并不生产电脑。吸引比尔・盖茨的不是电脑可以“做什么”，而是我们“为什么”需要它。后来他又成立了比尔及梅琳达·盖茨基金会（Bill & Melinda Gates Foundation）[1]，用另一种形式践行着自己的信仰。比尔·盖茨做的事情和软件无关，一直以来他都在寻求更多解决问题的方法。因为他一直相信：如果能帮助那些弱势群体移除某些障碍，他们也能提高效率，发挥更大的潜力。这就是他的信仰，他所追求的改变都是为“为什么”服务的，这些“做什么”让他的愿景成了现实。

魅力和活力完全不一样，它源于明确的“为什么”。那些心系崇高事业，忽略个人得失的人，散发出的魅力是无法模仿的。活力就不一样了，也许睡个好觉、喝个咖啡，就能精神焕发。活力令人兴奋，但是魅力才能激励人心，收获忠诚。这是活力做不到的。

当然了，任何的组织机构都可以通过调动内部活力，鼓励人们更好地工作。比如红利、升职、其他福利，甚至一些赏罚措施，都能让员工更加卖力，但这和所有的操控一样，收获的都是眼前的利益。时间长了，这种策略不仅造价高，还会给员工和雇主都带来巨大的压力，成了大家每天工作的唯一动力，忠诚也就荡然无存了。员工对公司没有感情，只谈工作和收益。忠诚的员工，哪怕面对更好的待遇，也会选择继续留在老东家这里，因为忠诚大于福利和薪资。除非你是宇航员这类为人类探索做出贡献的工作，其他情况

1. 成立于 2000 年，总部设在美国西雅图。致力于将人类的创新才能应用于减少健康和发展领域的不平等现象。

下，激励我们的不是工作本身，而是你对某项事业的追求。就像之前的故事中讲的一样，我们不是来垒墙的，我们是想成为建造大教堂的一分子。

不同的道路，一样的初衷

尼尔·阿姆斯特朗（Neil Armstrong）同样出生在俄亥俄州，距离代顿只有60英里。他从小就听着莱特兄弟造飞机的故事长大，也是从小时候，阿姆斯特朗的心中就种下了飞翔的种子。他沉迷于制作飞机模型，喜欢和飞行相关的书，还经常爬到自家的房顶上，用望远镜看向遥远的天空。正是由于这种热爱，阿姆斯特朗早早就拿到了飞机驾照，那时候的他还没有汽车驾照呢。儿时的梦想驱使着他，成为一名宇航员。作为普通人，我们的成长之路可能不像阿姆斯特朗一样，从一开始就走上了让自己充满激情的道路。杰夫·森普特（Jeff Sumpter）的故事可能更贴近我们的生活。

森普特上中学的时候，他的妈妈在自己工作的银行给他找了一个暑假的实习工作。在森普特高中毕业后，他又联系了这家银行，想找一份兼职，最后居然收获了一份全职工作。森普特就这样开始了自己的工作生涯。在银行摸爬滚打十五年后，森普特又和自己的另一名同事特雷·莫斯特（Trey Maust）一起在美国俄勒冈州的波特兰，成立了刘易斯 & 克拉克银行。

森普特在工作中如鱼得水——作为贷款专员，他的业绩一直领先。客户和同事都喜欢他、尊敬他。虽然他没能像阿姆斯特朗一样，实现儿时的梦想，但是森普特还是充满激情。实际上，森普特自己也承认，对银行的工作感觉一般，让他每天早晨起来带着热情开始每一天工作的不是“做什么”，而是“为什么”。

很多时候，我们都说不清自己的职业生涯通向何处，甚至最后的职业很可能是自己计划之外的。拿我自己来说，小时候我想当航天工程师，上了大学又想做一名刑事检察官。到了法学院，成为律师的梦想突然幻灭了。不知为什么，就是感觉这份职业不适合我。我在英国的法学院就读，这是在众人看来唯一保持着“真正英伦风”的职业，连面试都要穿条纹西装。但是这感觉就是不对，让我打不起精神。

与此同时，我的约会对象在雪城大学（Syracuse University）学习市场营销。她了解我，知道什么能燃起我的热情，也明白为什么法律让我觉得无趣，于是建议我也一起学习市场营销。我就这么换了一个专业。但这只是我做的一件事——我的热情不在这一个决定之中，我的人生也不会因为这个被定义。激励我改变专业的，是我的目标——激励更多人，让他们都能去从事自己热爱的事业——我的“为什么”，这个“为什么”每天把我唤醒，督促我朝着它努力。最令人兴奋的，是我总能找到新的方法、新的“做什么”，这都让我距离自己的目标更近了，其中就包括写作这本书。

不管我们的职业是什么，心底的“为什么”——你的目标、初衷和信仰，从来都没有改变过。只要能维持住黄金圈法则的平衡，“做什么”只不过是达到目标的方法，帮助我们把愿景变成现实。研发软件是比尔·盖茨实现目标的方法之一；成立航空公司，帮助赫布·凯莱赫传播他对自由的信仰；把人送到月球上去，成功地帮助约翰·肯尼迪唤起了民众的热情，也传达了他的初衷——要想让国家进步，不能想着国家能为你做什么，而要想着为国家做点什么；苹果公司给了乔布斯一个契机，让他可以改变世界。这些有魅力的领导者，都是通过这些可行的方法，让自己的“为什么”变成现实的。他们年少的时候，谁也没曾想好自己长大会“做什么”。

只要“为什么”够明确，有着同样信仰的人自然会被吸引过来，而且很可能想成为这项事业中的一分子。这时候如果能更进一步宣传，就能召集更多人，让大家都团结起来，“一起来帮忙”！有着一众支持者，朝着共同的目标、初衷和信仰努力，就有可能创造奇迹。但是想要成就伟业，只靠激励的力量还是不够。激励大众只是一个开始，要想形成规模，我们还需要更多的努力。

强化激励的效果

黄金圈法则不仅是一种交流工具，更让我们明白了组织机构都是如何建构起来的。随着对黄金圈法则的进一步学习，我们会发现它不是一个简单的平面模型，而是一个更为立体的概念。其能帮助我们在这个立体的世界里，建构优秀的组织机构。因此，黄金圈法则必须是三维立体的。它的形状很像圆锥，一切的答案都隐藏在它的侧视图里。

圆锥就代表一个公司或者组织——其中本来就有着不同的等级和体系。体系顶端代表着“为什么”的领导者。在公司中，对应着这家公司的CEO。下一层代表“怎么做”，主要是由高级主管组成。这些主管应该认同领导者的目标和愿景，同时清楚地知道要“做什么”，才能把愿景变成现实。千万别忘了，我们之前讲过，“为什么”是一个信仰，“怎么做”是具体的行为，能帮助我们实现信仰，而最后的“做什么”则是这些行为带来的结果。再富有个人魅力，能够激励大众的领导者，如果身边没有支持者的帮助，就不能采取行动搭建相应的设施和体系，更没有办法把愿景转化成现实。这样的领导是无效的，甚至是失败的。

因此，“做什么”的层面需要的是那些负责任的人，可以是一个也可以是很多，负责搭建框架，让“为什么”得以实现。这样的人可能在市场部、运营部、金融部、人事部，总之是所有管理部门。最下面的一层代表“做什么”，是真刀实枪的实干家。大部分的员工都属于这一层，是他们的努力才能推动目标的实现。

我有一个梦想，他有一个计划

马丁·路德·金著名的演讲《我有一个梦想》，激励了无数人，让他们都朝着这个共同的梦想努力。拉尔夫·阿伯内西（Ralph Abernathy）作为马丁·路德·金的挚友、导师、财务秘书，同时也是南方基督教领导会议的财务主管，则是把重点放在了如何实现这个梦想上，告诉大众要“怎么做”。他为这个梦想搭建了框架。金的演讲赋予了这场民权运动哲学内涵；阿伯内西更是让人们能明白，需要采取什么样的措施。“现在！”面对听了金的演讲，深受激励的群众，阿伯内西会告诉他们，“我来跟大家说说明天早上……”

马丁·路德·金是一位伟大的领导者，但是要改变美国的民权问题，他一个人的力量远远不够。尽管他能激励大众，但要想激发一场真正的运动，需要组织、需要筹划。所有伟大的领导者都和金一样，身边有能帮助自己的人，知道“怎么做”的人。任何一个伟大的领导者，都是有明确“为什么”的人，他们身边一定有一个，甚至一群知道“做什么”的人，才能为梦想搭建框架，把愿景转化成现实。这些基础框架的搭建，慢慢带来了改变，才有了成功的可能。

领导者在圆锥的顶端——他们是一切的开始，负责明确“为什么”——实干家在下一层，负责“做什么”，好把愿景变成现实。领导者指明目的地，实干家规划路线。没有具体的路线，想到达目的地前路曲折，总是会走错路。没有实干家的帮忙，领导者就会面临这种窘境。反过来呢，只有路线没有目的地，确实能一路畅通，但是到底要何去何从呢？知道怎么开车当然很好，但是知道要去哪里才能更令人心安。对于马丁·路德·金来说，阿伯内西就是那个在他的激励下和他同行的人，也是那个知道要“怎么做”才能实现目标的人。阿伯内西曾这么评价：“金的工作是阐述我们的思想，以及非暴力理论。我的工作则更简单、更务实，就是告诉大家‘别坐公交车’。”（抵制公交）

所有极具个人魅力的领导人，如果他们能取得一番成就，肯定离不开背后默默奉献的人，不管是一个人还是好几个，他们都明确知道要“怎么做”，帮助领导者把愿景变成现实。金有一个梦想，但是不管他的梦想多么激励人心，也终究是一个梦。在民权运动前，在种族歧视和种族隔离的压迫下，美国南方的大部分人都有着同样的梦想。他只不过把大家的心声说了出来，不公正的法律体系，刺痛他们每一个人的心。但是马丁·路德·金却用自己的镇定、乐观，以及发人深省的演讲，激励了无数人。

但是，靠他一个人改变不了整个美国。他不是立法人，美国的立法应该确保所有公民享有平等的权利，不管他们的肤色是什么。改变美国的不是马丁·路德·金，而是几百万个普通人，在他的激励下，一起改写了历史。那么我们要怎么做，才能组织这么多人呢？别说几百万个，想召集几百个人也不是件容易的事情。领导者的远见卓识和个人魅力，足以吸引创新者和早期采用者。他们愿意跟随自己的内心，相信自己的直觉，愿意做出牺牲，让愿景成为现实。每一点儿成功、每一次收获，都让他们距离目标更近一点儿，务实的早期大众也会为之吸引，慢慢加入进来。之前遥不可及的梦想也就变得实实在在，近在眼前。这时候，引爆点也会随之出现，一切都能跟着改变。

领导者和实干家

托马斯·弗里德曼（Thomas Friedman）在他的书《世界是平的》中指出，悲观者总是对的，但是乐观者才能改变世界。比尔·盖茨梦想能有一天，电脑帮助所有人发挥最大的潜力，他的愿景实现了。现在他梦想着有一天，世界上不再有疟疾，这一天终会到来。莱特兄弟梦想有一天，我们也能飞到天上，就像坐公交车一样简单，他们的愿景也实现了。领导者确实可以改变行业进程，甚至改变整个世界，但前提是他们知道该“怎么做”。

知道“为什么”的领导者都是有着远见卓识的梦想大师，他们的想象力丰富，敢于做梦。他们都是乐天派，相信愿景一定能变成现实。懂得“怎么做”的实干家则更看重当下，他们很现实，也很务实。领导者更关注一般人看不到的地方，比如未来。而实干家则专注于大多数人能看到的地方，更善于搭建框架、制定行动步骤，然后完成目标。这两种类型的人没有强弱之分，只不过看待世界的角度不同，应对方式也不同。比尔·盖茨、莱特兄弟、史蒂夫·乔布斯以及赫布·凯莱赫都是典型的领导者，他们擅长造梦，却不能凭一己之力实现梦想，因为他们需要那些懂得“怎么做”的实干家。

“要是没有我哥哥，我早就因为开空头支票进了好几次监狱了。”1957年，华特·迪士尼（Walt Disney）用这种半开玩笑半认真的口气，向洛杉矶的观众讲述着，“我从来不知道银行里有多少钱，都是哥哥帮我打理。”华特·迪士尼就是典型的领导者、造梦者，而他的梦想能成为现实离不开他哥哥罗伊的帮助。明智的罗伊就是一个实干家。

华特·迪士尼一开始的工作是给广告公司画卡通插图，没多久，他就开始制作动画电影。那是1923年，好莱坞逐渐成为电影制造中心，迪士尼也想成为一名电影人。而比他大八岁的哥哥罗伊，则在银行里工作。罗伊一直惊叹于弟弟的天赋和想象力，也深知华特喜欢冒险，对商业规则一窍不通。和所有的造梦者一样，华特一门心思扑在美好的未来之中，全然忘记了自己生活在当下。“华特·迪士尼做梦、画画，发挥着他无限的想象力。罗伊则在他的背后，默默搭建着他理想中的帝国。”迪士尼的自传作者鲍勃·托马斯（Bob Thomas）这么评价，“罗伊作为一名出众的金融家和商人，帮助华特·迪士尼把梦想变成了现实，并用弟弟的名字成立了公司。”罗伊还成立了博伟影片发行公司（Buena Vista Distribution Company），让迪士尼出品的动画电影成了美国人童年生活中必不可少的一部分。多亏有了罗伊的商业运作，迪士尼的卡通形象才能成为家喻户晓的卡通明星。而且，和所有的实干家一样，罗伊不仅知道“怎么做”，而且从来没有想过要出风头，他甘愿一直待在幕后，帮助弟弟实现他的愿景。

世上绝大多数人都属于“怎么做”的类型。他们是现实生活中的实干家，总是能把工作做好。有的人甚至十分成功，坐拥百万资产。但是这些人不可能成为亿万富翁，更不会改变世界。实干家不需要造梦者，就能把工作做得有声有色。而领导者虽然目标宏大、志存高远，但总有些过于理想化，不够脚踏实地。他们没有把梦想转化成现实的能力，如果不能依靠愿景激励身边的人，哪怕“为什么”再明确，也只能是空想家。虽然知道问题的答案，但最终还是一事无成。

尽管很多人都觉得自己拥有远见卓识，实际上，大部分成功创业的人都是知道“做什么”的实干家。如果去问这些创业者，他们最喜欢的事情是什么，十有八九得到的答案会是“搭建”什么东西。他们之所以能流畅地讲述如何搭建，正是因为他们知道要“怎么做”。做生意就像是在搭建自己的帝国——需要打造体系和流程。而懂得“怎么做”的实干家，最擅长打造体系和制定行动流程。但是一家公司搭建得再好，也不可能成为市值几十亿美元的商业巨头，或者改变行业的发展。要想做到这些，必须把懂得“做什么”和知道“为什么”的人联合到一起，形成一个团队。这种合作很难，想要打造几十亿资产的公司，或者改变行业发展也不容易。

那些能够激励众人，共同干一番大事业的个人或者组织，肯定是把懂得“做什么”和知道“为什么”的人联合到了一起。打个比方，比尔·盖茨梦想有一天能让电脑得到普及，而保罗·艾伦（Paul Allen）创建了微软公司。赫布·凯莱赫传达出对自由的追求，而罗林·金想到了成立西南航空。史蒂夫·乔布斯离经叛道、桀骜不驯，而史蒂夫·沃兹尼亚克则是设计苹果程序的工程师。乔布斯负责做梦，沃兹尼亚克则制造产品，两者的合作才成就了一番伟业。这离不开对未来的愿景，也不能没有实干的天赋。

明白了这两者之间的关系，自然就能明了在公司中，畅享未来愿景和安排实际任务，完全是两码事。愿景是公司成立的初衷，“为什么”会存在，它是对未来的展望，现在还没能实现。任务安排则是具体的行动路线和指导原则——“怎么做”才能实现未来的愿景。如果这两项内容足够清楚明了，就说明造梦者和实干家各司其职，相互配合，既有明确的目标，也知道具体的计划。然而，想要合作得更好，不仅需要双方的能力和技能，还需要相互的信任。

我们在第三部分已经详细地讲过，相互信任十分重要，能提升我们的安全感。如果一个人能够信任另一个人或者组织，就愿意为其承担风险、提供援助。也许造梦者和实干家之间的信任，是信任的最高境界。一家能够激励员工的组织中，最好的总裁一定是知道“为什么”的造梦者——每天一睁开眼，他们就想着如何完成一项事业，而不是怎样经营一家公司。同样，最好的金融主管和运营主管一定是懂得“怎么做”的实干家，他们敢于承认自己的远见不足，也深受领导者未来愿景的激励，知道如何搭建框架，让这个愿景成为现实。擅长“怎么做”的实干家从来不想冲到前线，去讲述对于梦想的追求，他们更愿意站在幕后，搭建系统和程序，实现这个目标。需要这两类人一起努力，才能造就伟业。

“为什么”和“怎么做”的搭档，大多都是家人或者密友。因为同样的成长经历和生活经历，能让双方的价值观和信仰更加相通。当然，这并不意味着我们不能和其他人组成搭档，但不能否认的是，一同长大、拥有相同的人生经历，就更有可能拥有同样的世界观。

华特·迪士尼和罗伊·迪士尼是兄弟；比尔·盖茨和保罗·艾伦是高中同学，都在西雅图长大；赫布·凯莱赫是罗林·金的离婚律师和老朋友；马丁·路德·金和拉尔夫·阿伯内西在民权运动之前，都曾在伯明翰布道；史蒂夫·乔布斯和史蒂夫·沃兹尼亚克是高中时期最要好的朋友。这样的例子还有很多很多。

管理还是领导

对于那些才华横溢的实干家来说，取得的成就会持续一生，可这样一来，他们一辈子都要忙于管理公司。想让公司发展好、盈利多，可行的办法有很多，比如操控，书中只讲到了其中的几种，每种都可以。甚至不寻求持续的改变，单纯引爆，也能达到这样的效果。但这样的成功只不过是一时的狂热。实际上，管理公司和领导社会运动极为相似。好的公司能激励大众，让人们不自觉地谈起你的产品和理念，讲述这个产品和他的生活方式是如何融合的，分享你要传达的理念，甚至想办法让公司变得更好。好的公司不仅能让人情绪高亢，还能激励人们共同努力，不需要奖励和刺激，是所有人心甘情愿的选择。这和操控无关，没有任何形式的返现或者促销，人们就是不自觉地去推荐你的产品，因为他们真心觉得这些东西很好，也发自肺腑认同你的理念。那些激励了他们的信息，他们自然也想帮着传递下去。

制造一个好的大喇叭

经过为期 3 个月的筛选，BCI 公司终于确定了新的广告代理公司，帮助他们宣传新的产品线。作为知名品牌，BCI 制造的商品都是通过第三方来销售的，特别是大卖场的货架上。因此，他们没有办法直接控制销售过程。要想提高销量，BCI 能做的只能通过营销，从远程操控。值得一提的是，BCI 有着强大的企业文化，员工和睦、管理者负责，他们之间也相互尊重，整体运营势头一路向好。最近几年竞争日趋激烈，尽管他们产品质量过硬，价格合理，但想要维持盈利还是变得越来越难。这一年对于 BCI 公司上下来说十分重要，因为他们有新的产品要投入市场，公司对新产品寄予厚望，希望通过新产品能帮助公司脱颖而出。为了做好宣传，BCI 还特意通过评选，找到了新的广告代理公司。

新广告词是这样的，“行业内领先的制造商的最新产品，你没见过的创新产品”。接下来又是一通叙述，详细列数了新产品的功能和好处，包括“只有 BCI 才能打造的一流品质”，这句话是公司管理层强烈要求加到广告中的。毕竟长久以来，管理层一直努力打造公司的良好口碑，在广告中借着好口碑突出新产品，在他们看来十分合适。他们对这个新的广告十分满意，对于新的产品更是寄予厚望，等着新品大卖特卖。管理层的工作确实很到位，他们想把这些信息传达出去也无可厚非。他们想让自己的声音更大，让更多人听到，斥资几百万美元给新品打广告，而且效果确实不错。

但还是有一个问题。

BCI 确实通过新的广告，成功向消费者介绍了他们的新产品，而且广告也算比较有创意。宣传中明确介绍了产品的特点和新颖设计，而且大多数受访者都表示新产品比同类竞争者的产品更好。为了宣传花出的几百万美元没有白费，人们总能看到 BCI 的广告，而且播放频率也很高。通常来说，广告公司都是通过收视率和播放率来衡量一个广告的曝光程度，这么来说，BCI 绝对完胜。毫无疑问，BCI 用洪亮的声音传达出了新产品的信息，但问题是，信息不够明确。他们一直说的都是“怎么做”和“做什么”，没有讲自己的“为什么”。人们通过广告能了解产品，却不了解 BCI 公司。当然了，只要广告一直播，优惠力度大，新产品的销量总能有保障。这种策略确实有效果，但是需要付出惨重的代价。

如果马丁·路德·金在美国民权运动中为大家提出了 12 个具体步骤，会怎么样呢？试想一下，1963 年的那个夏天，马丁·路德·金对着大喇叭大声讲述着行动步骤。大喇叭和广告、公关一样，都能帮助我们让更多人听到，更好地传达信息。但是如果金这么做，就会和BCI一样，只是让人听到，却不能让人明白。因为他没明确说出自己的信仰。

音量的大小很好控制。花点儿钱、耍点儿花招，总能达到这种效果。只要愿意砸钱，绝对能让你传达的信息成为焦点。一些营销噱头也总能赚足人们的眼球，但是这些都不能在人们心里种下忠诚的种子。你也许还记得主持人奥普拉·温弗瑞（Oprah Winfrey）曾在节目中，给录影棚中的每位观众一辆汽车。那已经是2004年的事情了，直到现在，人们还觉得这是个噱头。当时庞蒂亚克（pontiac）[1]给节目组捐了价值700万美元的汽车，也就是276辆最新款的G6运动轿车。在庞蒂亚克看来，这是推广新产品的好办法。可惜的是，这只是加深了大家对奥普拉为人慷慨的印象，却没有多少人记得汽车捐赠方是品牌庞蒂亚克。最糟糕的是，这种营销方式完全没有传达出品牌的目标、初衷和信仰。人们之前就不了解庞蒂亚克的“为什么”，这种营销噱头更让人摸不着头脑，只是觉得它在哗众取宠。没有明确的“为什么”，做什么也都反响平平。

要想让信息产生效果，影响人们的行为，种下忠诚的种子，光

1. 美国通用汽车公司旗下品牌之一，其前身是奥克兰汽车公司（Oakland）。

靠营销噱头远远不够，一定要通过宣传，明确传达出自己的目标、初衷和信仰，这样才能让那些有着同样价值观和信仰的人产生共鸣。这时候，信息自然能长久影响大众市场。当然，我们也可以通过营销噱头吸引扩散曲线左部的人群，但前提是必须通过营销策略，明确表达出自己的“为什么”，让大众知道你的目的并不仅仅是盈利。也许没有明确的“为什么”，你还是能获得短期的收益，但是这样的营销和宣传，再怎么卖力也不过就是放大了音量，不会有多大的效果。总有公司抱怨，在当今的商业环境中，想要崭露头角太难了。他们在宣传中也是只放大了音量而已。

再来说马丁·路德·金，如果那天他没有话筒或者大喇叭，会怎么样？他的梦想还是那么有感染力，他的言语还是会激励人心。他的信仰坚定又明确，处处散发着激情和个人魅力。但是，可能只有前排的人，能听到他对梦想的陈述，会被他的语言激励。所以作为一个志存高远的领导者，不管是个人还是组织，在传达信息的时候，必须有一个大喇叭，才能够清楚、够洪亮。明确的目标、初衷和信仰固然很重要，但前提是这些能让别人听到。声音放大之后才能让更多人听到，进而扩大影响力。

黄金圈法则的三维图是个圆锥形状，绝对不是巧合。这其实是在向我们暗示，在实践中，黄金圈法则就好比一个大喇叭，而组织就是一个人明确传达目标、初衷和信仰的通道。要想让这个喇叭够响，首先“为什么”要够明确。不然的话，放大声音又有什么意义？

说出自己的信仰

马丁·路德·金用黄金圈的大喇叭，召集民众一起追求社会平等；莱特兄弟用大喇叭，带动周围的人一起研究新科技改变世界；无数民众听到了约翰·肯尼迪服务国家的信仰，不到十年，就齐心协力把宇航员送上了月球。调动大家的积极性，激励大家的内心，然后一起为一项更加崇高的事业添砖加瓦，不仅存在于社会活动中，任何组织机构都能通过黄金圈大喇叭，扩大自己的影响力。实际上，能不能做到这一点决定着一家公司是否卓越。卓越的公司不仅能盈利，还会领导，它们能改变行业的发展，乃至我们的生活。

明确的“为什么”能给我们带来期待。如果一家公司的“为什么”不够明确，我们甚至不知道它有什么值得期待的地方，只能参考无差别商品，从最低级的要求——价格、质量、服务和功能方面评价它。一旦我们能明白它的“为什么”，自然就会期待更多。对于那些习惯了低标准的人，我也建议你们不要去想“为什么”，更不要尝试让黄金圈保持平衡。高标准是需要努力维持的，你需要持续提醒所有人公司的“为什么”存在，还得要求内部所有人在“怎么做”的过程中，遵循你的价值指导和行事原则。而且你自己的所说、所做也必须和“为什么”保持高度一致，这些都需要投入大量的时间和精力。但是，如果你愿意付出，回报也是巨大的。

理查德·布兰森（Richard Branson）一开始把维珍唱片打造成

了一个市值数十亿美元的音乐零售品牌，然后成功成立了唱片公司，后来又有了维珍航空。时至今日，维珍航空仍是全球最重要的航空公司之一。再后来，布兰森先后涉足了苏打水、婚礼策划、保险、手机服务等不同领域，维珍集团旗下的公司还有很多。与之类似的还有苹果，其不仅生产电脑，还有手机、硬盘、录像机、MP3播放器，每一次都在创新。这些公司不仅能成功，还能一直保持成功，其中的秘诀就是它们忠诚的追随者，这些人为它们后续的成功打下了坚实的基础。在商业领域，大家都觉得苹果总是在贩卖生活方式，这完全低估了苹果的影响力。相比之下，古驰更像是关于生活方式的品牌，而苹果则是改变行业进程的先驱。这些公司的存在并不仅仅是一个经济实体，它们更像是一场社会运动。

复刻成功

提到罗恩·布鲁德的名字，你可能觉得陌生，但他也是一个伟大的领导者。1985年，布鲁德和两个女儿站在十字路口，等待绿灯亮起再过马路。与此同时，他觉得这是给孩子们上一堂课的好机会。于是布鲁德指向对面的红灯，问孩子们那个红灯代表什么。“代表我们要站在这里。”孩子们告诉爸爸。“你们确定吗？”布鲁德问道，“你怎么知道那不是让咱们赶快跑过去？”

罗恩·布鲁德为人恭敬谦卑，总是穿着合身的西装三件套去上班，看上去像个思想保守的高官。但是，我们绝对不能以貌取人，单凭看到的就妄下断言。布鲁德绝对不是一个墨守成规的人。他已经足够成功，却并不把成功作为自己的动力。这些对他来说更像是工作中的意外收获。布鲁德有着明确的“为什么”，在他看来，人们之所以会选择日复一日，重复着同样的工作，满足于当前的生活，并不是因为他们想要这样，而是从来没有人告诉他们，其实还有别的选择。站在十字路口前，他想告诉自己女儿的，也是这个道理——我们总能换个角度去看问题。布鲁德就是这样，总是从“为什么”开始，这种行事方式也给他带来了收获。但对他来说，最重要的是通过自己的行为，分享自己的“为什么”，能激励更多的人去追求卓越，成就人生。

布鲁德和大多数人一样，也是在无意之中选择的职业生涯，但是他的初心从来没有改变过。他所做的一切，都是从“为什么”开始。布鲁德始终相信，如果能让人们了解另一条可行的路线，很有可能会有很多人选择这条路。他现在从事的事业，可以说改变了整个世界，但是一开始的时候，布鲁德的工作领域与世界和平没有任何关系。和很多伟大的领导者一样，布鲁德也曾辗转于不同的行业之中，但是他的成功并不是昙花一现，布鲁德改变了多个行业进程，取得了多次成功。

一名专门销售蔬菜、罐头和肉的大型食品公司高管，想要为自己的外甥买一家旅行社。当时的布鲁德正是这家公司的财务主管，于是这名高管请布鲁德帮忙，看一看这些旅行社的财务状况，好决定买哪个合适。布鲁德从这件事上看到了别人的商机，他不仅出谋划策，还加入了旅行社的管理队伍。进入这个行业之后，布鲁德很快掌握了常规旅行社的运营模式，于是他决定换个路线试试。后来，格林威尔旅行社成了美国东岸首家使用新技术、全程电脑操作的旅行社。它不但成了该区域内最成功的公司，仅仅一年后，它的商业模式就成了整个行业的标准。很快，布鲁德又复刻了自己的成功。

布鲁德之前有一个叫山姆·罗森加滕的客户，他做的都是一些“肮脏”的生意——煤炭、石油、天然气，这些都是制造棕地的行业。棕地是一些不动产，这些不动产因为有害和危险物的污染而影响到它们重新利用。人们通常拿棕地没有办法，因为这些地方不仅污染严重，清理成本也很高，保险费都高得让人支付不起，于是大家都放弃了对棕地的开发。但是，大多数人只看到了清理成本，所以回避棕地；布鲁德不一样，他把焦点放在了清理工作上面。不一样的视角给布鲁德提供了完美的解决方案。

这时候的布鲁德已经成立了自己的房地产开发公司——布鲁克山公司。虽然只有18名员工，但公司发展得顺风顺水。布鲁德在棕地方面看到了商机，于是抓住机会，与戴姆斯摩尔（Dames&Moore）公司取得了联系。戴姆斯摩尔是一家进行有关环境科学和地球科学方面业务的咨询公司，布鲁德把自己的想法告诉了他们。他们对此十分认同，答应和布鲁德合伙。能与一家有着1.8万名员工的公司合作，投资风险随之降低，保险公司也降低了保费。保险费用负担得起了，布鲁克山公司很快就从瑞士信贷第一波士顿银行（Credit Suisse First Boston）[1] 拿到了贷款，并把这笔钱投资到了棕地的购买、清理、开发上面，很快就卖出了差不多 2 亿美元的地产。之前，这都是人人嫌弃的污染地带。布鲁克山的名字是布鲁德起的，他生于布鲁克林，在后面加上“山”这个字，寓意为“要想走出布鲁克林，就要翻越山丘”。带着这股冲劲，布鲁克山公司成了棕地开发的领头羊。时至今日，这一产业仍然繁荣发展。布鲁德的“为什么”不仅帮助他开辟了商业道路，还为环境保护做出了贡献。

对于罗恩·布鲁德来说，“做什么”并不重要。他干一行爱一行，随时准备好迎接未知的挑战。始终保持不变的，是他的初心。布鲁德深知，不管机会有多好，单凭他的才智和履历都不足以取得成功，他的所有成就都离不开其他人的帮助。布鲁德相信，成功不是单打独斗就能得来的，必须整个团队一起努力。而他很幸运，总能吸引有着同样信仰的人加入进来。慕名而来的人才都带着同样的问题：“我能帮忙做些什么？”布鲁德敢为人先、大胆创新，已经颠覆了一个又一个陈腐的行业规则，这一次，他给自己定了一个更为高远的目标：世界和平，并成立了 EFE 就业教育基金。这就是布鲁德的大喇叭，帮助他把信仰大声说出来。

1. 是一个全球领导级的银行投顾公司。

EFE 基金取得了显著的成就，成功为中东地区的孩子提供了受教育机会，改变了他们的人生轨迹，更改变了整个地区的发展进程。正如布鲁德在十字路口告诉女儿们的一样，任何事情换个角度，都有另一条路可走，而他也从另一个角度，为中东地区的发展开辟了另一条道路。EFE 基金是布鲁德成功的又一次复刻，他不仅拉动了经济发展，也在为人们做善事。你应该也发现了，布鲁德不仅仅是在管理公司，更像是在领导社会运动。

社会运动离不开个人

2001 年“9·11”事件后，很多人都开始重新审视中东地区，大家心里都带着同样的疑惑：为什么会发生这样的惨剧？布鲁德也和所有人一样，他明白，这样的攻击事件发生了一次，很可能还会有第二次。想到自己的两个女儿，布鲁德也想为改变现状出一份力。

在想办法的过程中，布鲁德有了一个重要的发现，这不仅能保护自己的女儿，甚至能帮助美国免受恐怖袭击的危害。在美国，绝大多数的年轻人每天起床都深信：自己的未来有着无限的可能。不管经济状况怎么样，也不分男女，大多数在美国长大的孩子都有一个乐观的心态，他们相信自己的梦想一定能够实现。但是那些住在加沙或者也门的孩子们就不一样了，他们也有自己的梦想，却不敢去想有一天这些会成为现实。很多人可能都会说，这就是典型的文化差异，是不能改变的。但是实际上，如果我们追本溯源就会发现，中东地区没有相关的机构给予这些孩子合适的引导，帮助他们树立乐观的精神，让他们相信命运掌握在自己手中，进而给未来打下一个良好的基础。因此，布鲁德成立了 EFE 基金，在全世界范围内宣扬自己的“为什么”——让人们知道，总有其他的路可以走。

就业教育基金不是美国人为了彰显人道主义精神，在遥远的中东国度建立的慈善机构。这是一场全球性的社会运动。每个 EFE 基金分部都独立运营，由当地的人竞选董事会，决定日常事务。所有的责任都落在了这些来自本地的管理者肩上，他们通过教授技能、知识，让这些年轻的孩子相信，他们的人生总有一条更好的路。这个机会属于所有人，不限男女，只是为了让孩子们自信地在人生道路上走下去。梅亚达·阿布杰比（Mayyada Abu-Jaber）是约旦分部的负责人；穆罕穆德·纳亚（Mohammad Naja）在西岸和加沙传播这个理念；梅森·埃里亚尼（Maeen Aleryani）则在也门，他们用行动证明哪怕是根深蒂固的陈腐文化，也可以撼动。

在也门，儿童平均可以接受九年的教育，这远远低于全世界的受教育水平。在美国，孩子们接受教育的时间足足有十六年。埃里亚尼在布鲁德的感染和激励下，也希望通过自己的工作，给也门的年轻人带来更多的机会，让他们看到通往未来的路，真正掌控自己的命运和未来。埃里亚尼积极筹备资金，在也门的首都萨那成立了 EFE 分部。在短短的一周内，他就通过募捐筹得善款 5 万美金。作为慈善项目来说，这么短的时间筹到这么多钱已经很厉害了，更何况这是在没有任何慈善事业的也门，埃里亚尼的工作更令人惊叹。与此同时，也门也是中东地区最为贫困的国家之一。但是，当人们了解到 EFE 的初心，明白了他们的“为什么”，这个落后的国度也开始慢慢酝酿奇迹。

整个中东地区的 EFE 成员都有着一个共同的信仰，那就是帮助自己的同胞、帮助下一代学到更多的技能和知识，让他们的人生多一条可以走的路。他们团结一致，希望中东的孩子也能对未来充满希望，相信未来是光明的，他们的明天有无限的可能。这些人加入 EFE 不是为了布鲁德，而是为了他们自己。也正因为如此，EFE 基金才能有如此大的影响力。

布鲁德身处“大喇叭”的顶端，也就是“为什么”的中心，他要做的就是激励大众，引发这场社会运动，但是带来真正的变革，并让这场运动持续下去的，是那些相信他的理念的人。每个人都能参与这场运动，无论他们身在何处、做什么工作、来自哪个国家，这就是一种归属感。

第九章
知道了“为什么”和“怎么做”，那做什么呢

他们鱼贯而入，没有一丝声响，也没有任何的眼神交流。所有人都剃了头，裹着灰色的破布衣，靴子上也满是泥土，看上去都差不多。就这样一个接着一个，进到了一个像洞穴一样的大房间里。这里看上去就像科幻电影里面的飞机库，满眼都是灰色，灰色的墙、灰色的烟尘，似乎连空气都变成了灰色。

成千上万个这样的人都坐到了长椅上，就像整齐排列的飞机。一排又一排，仿佛一片灰色的海洋。所有人都看向房间前面的墙，整面墙的投影上，是一个巨大的人头在侃侃而谈。很明显，这是在听领导讲话，投影中的领导满嘴教条，自豪地鼓吹着一切尽在掌控之中。似乎他们的一切都那么完美，毫无瑕疵，没有人拖后腿。或者说，他们以为是这样。

一个金发女孩从走廊里朝着飞机库跑了过来。她穿着明亮的红色短裙，清爽的白色 T 恤。那亮白的皮肤和鲜艳的衣裳犹如灯塔一般，照亮了这灰蒙蒙的世界。她在前面跑，后面是一群保安在追。女孩挥舞着手中的铁锤，现在的一切即将被打破。

1984年1月22日，苹果发行了Mac计算机，并在广告中套用了乔治·奥威尔（George Orwell）[1]小说中的原话，“1984不再是1984”。《一九八四》是反极权主义的经典名著，在这里意指苹果所领导的新的1984也不再是传统里那个封闭的1984了。这则广告并不简单，它全然没有提到新产品的功能和优惠，而是强调一种“不同的价值主张”。它无疑是苹果的宣言，用富有诗意的颂歌，讲述着自己的“为什么”。电影般的情节，讲述的是一个人改变现状、引发革命。尽管现在苹果的产品已经更新换代，时尚风潮也是百转千回，但时至今日，这则商业广告还是一样令人印象深刻。这些年来，苹果从未让“做什么”把自己限制住，因为它的“为什么”一直没有变过。

这些年来苹果公司坚守自己的理念，做了很多，也说了很多，这则广告只是其中之一。苹果所有的广告和沟通，所有的产品、合作、包装、店面设计，都是在“为什么”指导下具体的“做什么”，都进一步证明自己一直在积极地挑战现状，让个人力量变得更强大。你有没有注意过，苹果的广告中从来不是一群人在使用他们的产品？里面永远都是一个人。哪怕是苹果经典的“非同凡响”系列广告，也都描绘的是不同的个体，从来不是一群人。不仅如此，当苹果想要展现“非同凡响”的理念时，讲的也不仅仅是自己。这一

1. 英国著名小说家、记者和社会评论家。

系列的广告中出现了许多凭借一己之力改变世界的名人，比如西班牙画家巴勃罗·毕加索（Pablo Picasso）、美国舞蹈家玛莎·葛兰姆（Martha Graham）、木偶剧之父吉姆·亨森（Jim Henson）、导演阿尔弗雷德·希区柯克（Alfred Hitchcock）等，页面的右上角打着一行字：非同凡响。苹果的广告没有讲自己的反叛精神，而是把自己和这些具有反叛精神的名人联系了起来，从而体现出他们的反叛精神。广告中的创意也是在苹果“为什么”的基础上演绎而来。苹果没有一则广告中是在描述群体，这绝非偶然。因为让个人力量变得更强大，一直以来都是苹果“为什么”存在的理由。苹果知道自己的“为什么”，同时明明白白地讲了出来，让所有人都能明了。

说得明确，懂得明了

一家公司、组织机构就如同黄金圈三棱锥。这个条理清晰的体系下面，是一个从来都杂乱无章的体系：市场。市场包含所有的消费者、潜在消费者、媒体、股东、竞争对手、供应商，以及所有的资金。两个对比明显的体系之间，只有一个交集，也就是黄金圈三棱锥的底层——“做什么”。一家公司的一言一行，都是领导者在向外表达着自己的愿景和理念。而公司出售的每一件商品和服务，所有的营销和广告，与外界的所有接触也都在传达这些。我们之前讲过了，让人们动心的不是“做什么”，而是“为什么”。那么，如果公司的“做什么”不能代表它的“为什么”，影响力就会大打折扣，自然不能激励大众的行为。

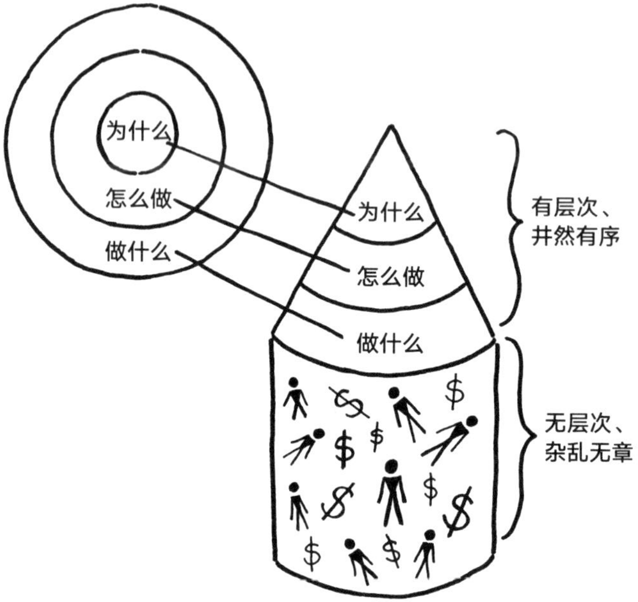

如果这家公司规模不大，“做什么”和“为什么”不匹配倒是不算什么问题，毕竟，公司领导和外界有很多接触的机会。而且，缺少值得信赖的“怎么做”人才，公司的创始人兼领导者很可能需要亲力亲为，自己做决定。这种情况下，他们需要自己走出去，和消费者交流、出售商品，甚至大部分的招聘任务也落在了这些领导者的头上。但是，随着公司规模的扩大，更多的人加入进来，运营程序也更加繁多。之前领导者一个人的理念，就变成了整个机构的初心，黄金圈圆锥也开始成型。慢慢地，领导者的角色也改变了。他不再是这个大喇叭中音量最大的部分，转而成为所有信息的源头，把需要传达的信息通过黄金圈大喇叭传播出去。

公司规模小的时候，一切都围着创始人的个性。毫无疑问，创始人的个性就是这家公司的个性。那么，为什么说公司发展壮大之后，情况就变得不一样了呢？史蒂夫·乔布斯这个人和苹果公司之间有什么区别？这两者没有任何区别。理查德·布兰森的个性和维珍集团的个性之间又有何差异？也没有什么不同。随着公司的发展，CEO 的责任就是充当公司“为什么”的化身。不仅要把理念展现出来，还要大声说出来，同时反复宣讲，让它成为公司理念的象征，成为公司一切行动的初衷。公司“做什么”都是在这个理念的指导下，都是在为公司的理念发声。就像马丁·路德·金在领导民权运动的时候一样，他的任务是去激励大众加入进来。

随着公司发展壮大，领导者似乎没有明确的工作，不仅远离“做什么”，甚至会离外部市场越来越远。我总是很喜欢问公司的CEO 们，他们最关心的是什么。公司的规模和结构不同，答案也不一样，但不外乎下面这两个：消费者或股东。可悲的是，不管公司规模多大，已经很少有 CEO 直接和消费者打交道了。而且，顾客和股东都存在于公司结构之外，也就是杂乱无章的市场之中。但是我们知道，根据黄金圈圆锥，不管是 CEO 还是领导者，其主要的工作和职责都不是聚焦外部市场，而是专注于第二层：怎么做。领导者必须确保团队成员认同自己的理念，同时有人知道要“怎么做”能让愿景变成现实。“做什么”类型的人在理解“为什么”的基础上，研究相关的体系、雇用合适的人才，负责把“为什么”转化成现实。一般的员工则负责通过自己的工作，向全世界展示公司的“为什么”。他们工作中最大的挑战就是，怎么通过一言一行明确地把“为什么”表达出来。

我们讲过黄金圈法则和生物学之间的关联。“为什么”对应的是大脑中负责感觉和决策的区域，不能控制语言。而“做什么”存在于大脑中负责理性思考和语言的区域。如果我们把生物学的理论和黄金圈三棱锥进行对比，又会有新的发现。

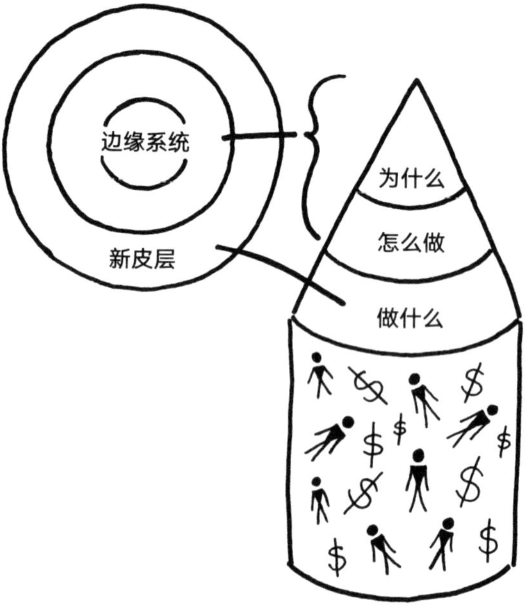

一家公司中的领导者处于三棱锥的顶端，是激励人心的源泉，也是我们做事情时给自己设定的“为什么”。他们代表着控制感受的边缘系统。而公司“做什么”则对应控制理性思维和语言的新皮层。就像我们很难明确讲出自己的感受一样，一家公司也很难明确表达出它们的“为什么”。毕竟，控制感受和控制语言的区域就不一样。而且，黄金圈三棱锥也是黄金圈法则演变而来，自然也和黄金圈法则一样深深植根于我们的生物学之中。这么说来，不管一家公司规模大小，想要明确表达出自己的“为什么”来，绝非易事。换句话说，要想让自己的价值主张脱颖而出，是非常难的。

说得更明确一些，很多公司不能明确地把自己的价值主张表达出来，不是商业运作方面有问题，而是生物结构受限制。就像很多时候，我们没有办法用合适的语言讲清楚自己的情感、目标、初衷和信仰，就会通过讲故事、找象征的方法，用实实在在的东西进行类比，让那些有着同样理念的人说到自己的选择时，有东西可指，可以大声说：“是这个激励着我。”影响、品牌建设、产品、服务做得好，都能达到这种效果，帮助公司传达自己的理念。只有说得明确，才能让听到的人懂得、明了。

第十章
清晰理念的力量

马丁·路德·金是美国民权运动的代表，也是追求平等的标志。他发表著名演讲《我有一个梦想》的时候，选择了另一个标志性的地点——林肯纪念堂。林肯（或者林肯纪念堂）和金一样，都是美国追求自由、平等的象征。象征有着重要的作用，可以进一步巩固价值观，同时俘获人们的信仰。伟大的社会知道，独裁者更是明白。只不过不同的是，独裁者喜欢用自己作为象征，而不知把大众的信仰当作一种象征。象征可以帮助我们把无形的东西具体化，它本来毫无意义，是我们给象征注入了含义和价值。而这些含义和价值，不仅是象征所具有的，更是我们的心之所想。只有当你的目标、初衷和信仰足够明确，这些象征才能更有力量。

打个比方，国旗其实就是一个国家价值观和信仰的象征。人们愿意追随国旗、加入战斗，这就是一股强大的力量。

国旗被注入了深刻的内涵，神圣而不可侵犯。在美国有一些人坚持任何对国旗的亵渎都是违法的，建议制定相关法律保护美国国旗。他们之所以认为亵渎国旗犯法，不是因为这么做破坏了个人财产，他们的目的是保护国旗所象征的内涵，也就是“为什么”。他们要借助法律，保护价值观和信仰的具体象征，从而保护无形的价值观和信仰。尽管美国最高法院驳回了相关的立法要求，却引发了人们对这类问题的急切关注和热烈讨论。有的人呼吁自由表达情绪的权利，有的人则倡导自由精神的象征需要得到保护，两者吵得不可开交。

罗纳德·里根（Ronald Reagan）是一名善于沟通的政治家，也深刻明白象征意义。1982 年，里根首创在众议院大厅发表国情咨文（State of the Union address）时，邀请“英雄”出席。从那之后这个习惯一直延续至今。里根是个乐天派，深知邀请美国价值观的象征出席这种重要活动，远比高谈阔论要有效得多。他请来的嘉宾莱尼·斯库特尼克（Lenny Skutnik）是一名普通的政府职员，但是在佛罗里达航空公司的一架班机坠入波多马克河后，斯库特尼克勇敢地从救援直升机中跳了下来，救起了机上一名落水的乘客。里根想要通过斯库特尼克，说明语言是空洞的，只有英勇的行为和价值观弥足深远。他在那天的发言中讲道：“不要人云亦云，以为美国最辉煌的日子已经过去了，美国精神已经陨落。我们的生活中有太多美国精神创造的奇迹，让我们不能停止相信。”在里根看来，斯库特尼克就是勇气的象征。

大多数的公司都有标志，但是却不能把这个标志转化成有含义的象征。因为大多数公司都不善于把自己的信仰表达出来，因此这些标志也都成了空壳。充其量就是个图标，只能帮助人们区分这一家公司和旗下的商品。要想赋予这些标志含义，就必须明确一家公司“为什么”存在。没有明确的“为什么”，标志就是个普通图标。

这种情况下，还反复强调品牌的标志是高质量、好服务和创新精神的象征，只能进一步说明它只是一个图标。这些要传达的都是关于公司的某些特点，却没有讲述出发展的初心。就好比独裁者们，他们虽然明白象征的重要作用，说的却只是自己。很多公司都是这样——所有的出发点都是自己。它们告诉我们要怎么做、我们需要什么，似乎它们那里有我们需要的所有答案，却不能激励我们的行为、唤起我们的忠诚。同理类推，独裁者只能使用所有能想到的操控手段，或是恐惧或是奖励，来巩固自己的权力。而人们听命于独裁者，只是因为迫不得已。因此，一家公司如果不想和独裁者一样，想凭借领导力收获人心，就必须明确自己的信仰和初心，让自己的所有象征、标志都意有所指，给人们可以向往、追随的理由。想做到这一点，要够明确、讲原则和相贯通。

一个标志要想成为象征，必须既能引导人们选择它，又能与人们对自己身份的认定融为一体。高级定制就是一个很好的例子，很多人都把这些作为自己身份的象征，但是大多数的定制都是一样的含义，标志着使用者的身份和地位。只有一个例外，那就是哈雷摩托车。

很多人居然在自己身上文上了哈雷摩托车的标志，这种做法简直狂热，毕竟这是一个商标啊！而且很多人根本没有哈雷，为什么要在身上文这么一个标志呢？原因很简单，这么多年来，哈雷的信仰都很明确，同时一直遵守着自己的行事原则，所说、所做都和自己的信仰，自己的“为什么”融会贯通。哈雷的标志就成了一种象征。它不仅代表了一家公司，或者这家公司的产品，更是一种理念。

实际上，大多数身上文着哈雷摩托车标志的人，都不了解这家公司的股价是多少，更不知道公司管理层有什么调整。这个标志已经超越了哈雷的品牌，代表着一系列的价值观和信仰——也是他们自己所信奉的价值观和信仰。这个标志和哈雷无关，他们选择文在身上更是为了自己。兰迪·福勒（Randy Fowler）曾是一名美国海军，现在是加州一家哈雷经销店的经理。他骄傲地展示着左胳膊上大大的哈雷标志，并说：“这代表了我。看到这个，就知道我是个地道的美国人。”这时候，哈雷公司已经和消费者融为一体。这个品牌之所以能对一个人这么重要，是因为人们相信哈雷的“为什么”，而这个“为什么”也帮助人们表达出了自己的信仰和追求。

哈雷做到了够明确、讲原则和相贯通，哪怕是对这个品牌不感兴趣的人，也明白这个标志的含义。所以我们在酒吧里看到胳膊上有哈雷文身的人，就会自觉地给他们让地方。哈雷的商标如此有影响力，以至于哈雷公司 12% 的年收入来自印有商标的周边产品，这惊人的数字足以说明哈雷标志的意义。

除了商标之外，只要能明确传达出一定的价值观或者信仰的东西，都可以是标志、象征。比如，伊拉克人选举投票过后要在手指上染紫色墨水做记号，标志着新的开始。经典的英国双层巴士和美国牛仔帽，都是两国文化的象征。一个国家经历了几代人的累积、传承，很容易找到富有文化内涵的标志或者象征。但是公司或者组织机构就不一样了，要想确定公司标志的含义，需要黄金圈大喇叭之外的人，也就是市场中的人来决定。如果身处杂乱无章的市场，根据自己的所见所闻，作为一名旁观者还能明确知道，同时持续感受到这家公司的理念和信仰，公司的标志才有意义。市场，也是黄金圈大喇叭的真正试金石——只有明确的初心，才能渗透到公司的每一个角落，润物无声、风化于成。

搞清楚象征的重要性，我们再回过头来看看苹果经典的“1984”广告。如果你看过这则广告，不妨仔细想一下，看了它之后你会想到苹果和与之相关的产品吗？还是只是感受到了情绪的触动？苹果广告语中的“非同凡响”，有没有让你产生共鸣？

如果你是苹果粉，肯定十分喜欢这一系列的广告，甚至在看的时候都会激动得起鸡皮疙瘩——这更进一步说明了“为什么”牵动着我们的心，连接着我们的边缘系统。实际上，看了苹果的广告之后，你可能更坚定了要买这个品牌的决心。不管这是你第一次买苹果，还是已经买了很多次。这则广告和苹果所有的广告一样，是苹果通过自己的一言一行，进一步向世人证明自己的理念和初心。这和他们的信仰融会贯通。哪怕你不是苹果粉，如果这则广告触动了你的心，你也会爱上这种“不同凡响”的理念。而这一条短短的广告，只不过是苹果讲述自己故事的方式之一，是诸多“做什么”中的一个，为了证明自己的“为什么”。短短的广告，是苹果精神的象征，因此我们才会觉得这广告“像是在和自己对话”。相信你在说这句话的时候，内心想的是，哪怕周围熙攘喧嚣，我也能听到苹果的声音，我也愿意去了解苹果的理念。这就是黄金圈大喇叭的魔力，它能直击我们的内心，让我们产生共鸣。

大喇叭底部传达出来的所有信息，都必须进一步阐述公司的信仰。而一家公司的言语和行动，就是最好的沟通方式。可惜，太多公司都把精力花在了自己的产品和服务上，以为这样就能快速赚钱，却忽视了在黄金圈大喇叭的底部，还有很多可以做的事情，帮助世界了解自己的公司。通过产品去操控人心，固然能提升销量，却不可能收获顾客的忠诚。实际上，哪怕对方不是这个品牌的顾客，也能收获他们的真心。我一直都觉得苹果很好，后来才买了他们家的产品。我总是看不上一个电脑品牌，其实自己已经用了这个牌子很多年。

苹果和哈雷一样，够明确、讲原则和相贯通——才建构出了如此行之有效的大喇叭，能够明确地、大声地昭示自己的初心，这才收获了消费者的心。也有人说苹果公司内部过分狂热，就像是受了乔布斯的蛊惑。针对苹果的各种非议和盛赞，其实都从侧面说明了人们为之着迷，愿意把苹果的信仰当作自己的追求，成为这伟大事业中的一分子。还有一些专家指出，苹果的产品和营销都是在贩卖“生活方式”，这更进一步证实了苹果的“做什么”都是在彰显它独特的价值主张，是一个人个性的独白。我们之所以说这是在“贩卖生活方式”，也是因为人们把苹果的产品融入了自己的生活之中。苹果特立独行，借助扩散定律和黄金圈法则，在短时间内就给自己做好了大喇叭，让更多的人能帮助自己做宣传。而人们在推荐苹果的时候，不是为了这家公司，更是源于自己的内心。

苹果在促销和合作等方面，都彰显了其理念和信仰。2003 年到 2004 年，苹果联合百事可乐针对 iTunes 推出了一场大型促销活动。百事可乐作为“新一代的选择”，勇敢挑战现状，叫板可乐巨头可口可乐，是苹果的理想合作伙伴。由此可见，苹果的所说所做，都是其信仰的具体体现。我之所以反复讲到苹果，不仅是因为它明确的“为什么”，更是因为苹果在“怎么做”方面一直严格遵守自己的行事原则，而且“做什么”和“为什么”融会贯通。不管你是否喜欢这个牌子，都会或多或少被它的理念打动，也肯定知道苹果的信仰是什么。

大多数人都没有看过关于苹果发家的书，也不认识史蒂夫·乔布斯本人，更没有去苹果总部四处打探，去了解它的企业文化。但是我们都明确知道苹果的信仰，这一切都来源于同一个渠道——苹果公司。让人们动心的不是“做什么”，而是“为什么”。所以我们才会为苹果着迷，因为苹果的所说、所做都是在讲出自己的信仰。如果一家公司的“做什么”和“为什么”不匹配，人们就会对它的初衷一头雾水，这家公司也只能依靠价格、服务、质量、功能和优惠来博眼球，最后沦为无差别商品。苹果则不同，它有一个声音洪亮的大喇叭，反复讲述着自己的故事。

芹菜测试

为了提升“怎么做”和“做什么”，我们总是会借鉴别人的做法。于是你听讲座、读书、和朋友或者同事交流经验，听取他人的建议的同时，你也会跟着集思广益。我们努力想要了解别人的做法，希望能通过他人给自己一些指导。但是，此之破绥，彼之锦衣。一家公司的经验不一定适合另一家公司，哪怕行业、公司规模和市场环境都相同，也不可能“对他们好的，对我们也适用”。

我知道一家企业文化十分独特的公司。如果去问那里的员工，每个人都会告诉你，他们的会议室超级棒，里面有乒乓球桌子可供娱乐。这么说来，要是你也在公司的会议室里放上乒乓球桌，企业文化也能得到提升？当然不可能了。这是典型的“照抄照搬成功经验”。复刻成功的公司“怎么做”“做什么”，寄希望于这样也能复刻他们的业绩，这种想法太不现实了。就像之前讲到的法拉利和本田，对一家公司好的，不一定适用于另一家公司。换句话说，别人成功的经验不一定能让你成功。

“怎么做”和“做什么”固然重要，但只有你的“怎么做”“做什么”和“为什么”之间能够融会贯通的时候，这些行为才更有意义。想要模仿别人的成功经验并没有错，但是要想复刻成功，还要搞明白哪些行为和建议是值得效仿的。幸运的是，我们可以通过一个简单的测试，找到适合自己的"怎么做"和"做什么"。这个简单的测试就是芹菜测试。

假设你去参加晚宴，有个人走过来告诉你，"想知道你们公司需要怎么做才能成功吗？用 M&M's 巧克力豆。如果你放着 M&M's 巧克力豆不用，那就相当于白给的钱不想赚"。

又有人来建议道，"想知道你们公司需要怎么做才能成功吗？卖米乳。数据显示，大家现在都买米乳。趁这个机会卖米乳正好能跟上经济形势的发展"。

你还没来得及觥筹交错，又有人来指导："卖奥利奥饼干吧。我们靠着卖奥利奥赚了上百万美元，你们也赶快试试。"

除此之外，还有人凑过来，告诉你："用芹菜，你能加上芹菜。"

这么多成功人士都给了你建议。他们有的来自同一行业，总之生意都风生水起。有的人听取了他们的建议，真的也复刻了他们的成功。那么现在，面对这么多不同的建议，你打算怎么做呢？

你去了趟超市，买了芹菜、米乳、奥利奥和巧克力豆。为了找齐这几样东西，你在超市货架前走来走去，还花了不少钱。最让人挠头的是，你根本不知道哪种东西对你有用。万一自己囊中羞涩，不能每种都买来试试，需要舍弃其中的一些，要怎么办呢？

不管怎么样，有一点可以确定。就是如果你把这些东西买齐了，手里拎着芹菜、米乳、奥利奥和M&M’s巧克力豆，所有人看到你都搞不明白你的信仰是什么。我们做的事情应该进一步证明自己的信仰和理念啊，但是你什么都买了，你的理念到底是什么呢？

如果你明确知道自己的理念，知道自己的“为什么”，再去超市采购的时候，情况会不会完全不一样？假设你的“为什么”是做健康的食材，吃对身体有益的食物。这些人还是会给你建议，但不同的是，你去超市只会买米乳和芹菜，因为只有这些对你来说才有意义。并不是其他的建议不够好，而是不适合你，你想要健康的食品。

用自己的“为什么”过滤一些决定，能帮助你缩短在超市里的选购时间，还能省下一笔钱，效率也跟着提高了。这么一来，你不仅能从自己买的商品中收获价值，更重要的是，拿着这些适合你的商品，谁看到都能了解你的信仰。只拿着米乳和芹菜，人们走过你身边自然就能了解你的理念，“你一定很注重健康饮食”。也许会有人和你说：“我也这样。我有个问题想问你。”听到这样的话，那么恭喜你，你站在那里就为自己吸引来了客户、员工、合作伙伴或者别人的推荐，这一切，都源于你一开始做了正确的决定。让自己的“做什么”与“为什么”融会贯通，能帮助那些和你有着同样信仰的人，在人群中找到你。能做到这一点，代表你可以通过“做什么”来和别人沟通自己的初心。

当然，这都是理想状态下。现实生活中可能总是有各种各样的问题，让我们不能坚持自己的原则。我明白生活的不易，我们都有日子要过、有账单要付，有时候总是要向眼前的蝇头小利低头。如果是这样也没有关系，我们还是可以用到芹菜测试。假设你需要一块巧克力蛋糕，那就去买一块。虽然这不符合你的理念，但是你还是明确知道自己的“为什么”，也很明白这蛋糕只是权宜之策。你没有幻觉、没有空想，清清楚楚地知道自己是为了这一时的甜头，而且明白一旦妥协，想要把这部分的热量减下去需要更卖力的锻炼。面对眼前的机会，很多公司都会把它当成一劳永逸的荣耀之路，但是到最后不是美梦破灭，就是慢慢泄了气。这些人都犯了同样的错误，没能抵挡住眼前巧克力蛋糕的诱惑。从“为什么”开始，不仅能帮助我们找到适合自己的建议，还可以提前预知什么样的决定会让你失衡。当然了，如果你需要做出这样的决定，是可以这么选择，但是绝对不能总是这样！否则时间长了，就没有人记得你的信仰是什么了。

“为什么”的魅力还不只这些。刚才我一讲到假设的“为什么”，你不用往下读，就知道要去买芹菜和米乳。因此，一说到“为什么”的过滤器，讲到你的初心，你自然而然就知道自己要做什么样的决定，不用我再多说。

这就是平衡。

只要一家公司有着明确的“为什么”，公司上下都会在同一个信仰的驱使下，做出正确的决定。“为什么”就是我们做决定时最好的过滤器，任何的决定——招聘员工、寻找合作伙伴、制定发展战略——都必须先经过芹菜测试。

芹菜测试多一点儿，信任收获能翻倍

马克·鲁宾（Mark Rubin）是个好爸爸，总是找时间陪自己的两个女儿——露西和苏菲。一个周六的下午，马克的妻子克洛迪娜带着大女儿去了朋友家，只有马克自己在家照顾5岁的苏菲。看孩子也是个体力活，和苏菲玩儿了9次树屋之后，马克只想在沙发上歇会儿。但是苏菲怎么办？没办法，马克只能让电视来帮忙。他正好有两张新的动画光盘可以看，马克自己没有看过，也没有听任何人讲过，或者听媒体说过这两张光盘哪个更适合孩子。他自己肯定是不想看动画片，马克原本的计划是给苏菲放动画，自己去屋里看别的。现在手里的两张光盘一张是迪士尼动画，另一张的出品公司他没有听说过。他会选择哪一张呢？如果是你，你会怎么选呢？

这个问题似乎有点儿傻，因为简直太好选择了。我们不妨还是一起来想一想。两张光盘都是动画，都适合孩子，封面上还都是好评。唯一的不同点是，我们都听说过迪士尼，也相信迪士尼动画的品质。可是，迪士尼这家公司没有那么完美，从管理到运营，都时不时有点儿小问题，股价也不稳定，而且迪士尼总是官司缠身。在一些人看来，它和很多不怎样的公司一样，一心想要讨华尔街的欢心。这样的一家公司，我们为什么会相信它呢？

迪士尼的运营过程中，时刻体现着它的“为什么”——为更多家庭带来欢乐，几十年来，这一直是迪士尼的追求，它做的一切都在朝着这个目标努力，从来没有改变过。我们相信迪士尼的理由很简单，因为我们认同迪士尼的信仰。迪士尼就通过了芹菜测试。长久以来，它的所说、所做都与自己的初心融会贯通，家长哪怕没有了解过，也放心给孩子看迪士尼的动画。这么做和动画的品质无关，毫无逻辑可言，就是跟随内心的选择。

美国西南航空同样也能通过芹菜测试。该公司长久以来的风格都彰显着自己的“为什么”。打个比方，西南航空的航班上不指定座位。这也彰显了他们对自由的追求，非常符合我们对西南航空的认知。试想一下，一家致力于为普通人服务、重视平等的公司，怎么会给座位分级别？要是达美航空公司、美国联合航空公司或者美国大陆航空有这个政策，我们肯定觉得奇怪，这和他们的理念完全不搭。

没通过芹菜测试会怎么样

勃肯凉鞋、扎染T恤、雏菊花环、大众汽车，这些都是嬉皮士的标志，彰显着他们对和平、博爱以及素食主义的追求。因此，2004年大众汽车推出价值7万美元的奢侈车产品线时，很多人接受不了。在甲壳虫方向盘上安装车载花瓶的大众汽车，推出了辉腾，要和奔驰S级、宝马七系等一线奢侈车品牌一较高下。辉腾汽车有8缸引擎、马力可达335匹，同时配备了空气悬挂系统、4区空调，甚至连座椅都有指压按摩功能。辉腾一经推出，就凭借超高水准的功能震惊了世人。它不仅舒适，而且在路上奔驰起来犹如猛兽，各个方面都不输同级别的奢侈车型，连评论家都对这款车赞不绝口。尽管辉腾各方面的数据都很好，功能也堪称一流，大家都知道德国汽车的制造工艺好，但是这款新车还是面临一个重大的难题，就是销量一直上不去。明明好处显而易见，就是没有多少人愿意买，这怎么也说不通。其实，如果我们剥茧抽丝，就会发现大众的症结所在——他们这次的做法和一直以来的“为什么”没有融会贯通。

大众汽车一直以来都被看作“大家的车”，经过几代人的努力，大众的定位一直都是普通人的汽车，我们都知道大众的理念——赋予普通人更多力量。大众汽车凭借不错的质量和合理的价位，一直是大众的首选汽车品牌，这就是它的愿景和初心。辉腾汽车虽然匠心独运，但它的横空出世打破了一直以来大众“做什么”和“为什么”之间的平衡。这种感觉就像戴尔开始出售 MP3，美国联合航空公司推出 TED 航线一样，让人感觉这和它们的理念格格不入。因为感受不到这些产品和品牌“为什么”之间的联系，作为消费者的我们自然不能信服，不会选择这些做法和初心不符的商品。大众汽车的“为什么”虽然很明确，但是它的“做什么”却没有与之相一致，自然不能通过芹菜测试。

在这方面，丰田和本田比大众要聪明多了。这两个日系品牌也想开拓奢侈车市场，于是它们单独创造了相关的奢侈品牌——丰田的雷克萨斯（Lexus）和本田的讴歌（Acura）。一直以来，丰田车都是经济实惠的，其也是靠着经济车型发的家。它知道如果用同样的品牌、同样的车标来卖奢侈车，不会有人买账，于是研发了雷克萨斯。雷克萨斯虽然定位更高，但是并不违背丰田的初心。雷克萨斯的车继承了丰田汽车的价值观，与公司的理念相一致。丰田只不过是用另一种“做什么”，朝着自己的愿景努力。

值得庆幸的是，大众汽车在辉腾失利后，没有再犯同样的错误，一直保持着自己明确的“为什么”。但是，如果一家公司总是“妄想抓住市场商机”，一次又一次让自己的“做什么”违背“为什么”，就会让自己的初心越来越模糊，不仅使公司丧失激励的力量，顾客的忠诚度也会跟着下降。

由此可见，一家公司的所说、所做真的很重要。因为它们的愿景和初心，都要通过“做什么”体现出来。而且，“做什么”是一家公司与外界沟通最基本，也是最直接的方式，能帮助人们明了它们的“为什么”。

5

最大的挑战就是成功

第十一章
理念模糊之后

巨人的退缩

“现在的很多公司都好高骛远，CEO 们拿着高薪不干正事，只想着自己赚钱，完全不顾别人的利益。这些真让我难受。现在很多美国公司都是这个问题。”这段肺腑之言，出自近来饱受争议的公司创始人——山姆·沃尔顿（Sam Walton）。

山姆·沃尔顿出生于美国中部的一个农场，正赶上美国经济大萧条。大概是从孩提时代，山姆就养成了节俭的习惯。作为沃尔玛（Walmart）的创始人，沃尔顿高中打橄榄球的时候，只有 175 厘米高，体重也才 130 斤左右。小小年纪，他就明白了只有努力才有可能取胜。身为高中橄榄球队的四分卫，他赢了很多场比赛，他们的球队还得过州冠军。不管是努力也好，幸运也罢，还是因为天生的乐观，沃尔顿长久以来习惯了胜利的感觉，从来没有体会过失败是什么样子。他从不去想失败，在他的人生哲学里，多去想成功就能带来成功。哪怕是大萧条时期，他都凭借送报纸有着不错的收入。

山姆·沃尔顿去世时，沃尔玛已经从阿肯色州（State of Arkansas）本顿维尔市的一家小超市，发展成了年销量高达 44 亿美元，每周有大概 4000 万名顾客进店选购的零售界巨头。作为全球排名第二十三的国际化公司，单凭争强好胜的天性、强烈的职业道德和乐观的心态是不够的。

很多人都和沃尔顿一样，怀揣着美梦下海经商。这些小企业、小公司都希望自己有一天能发展壮大。我认识很多创业者，他们无不畅想未来，希望有朝一日能把公司建设成坐拥几十亿美元的行业巨头。理想是丰满的，现实是骨感的。美国有 2770 万家注册公司，只有《财富》杂志评选出的 1000 强公司，年收入能达到 15 亿美元。也就是说，这么多公司中，实现美梦的只有不到 0.004%。想要让自己的公司引领市场，在行业中举足轻重，绝不是件简单的事情。

低价销售模式并不是山姆·沃尔顿的首创。1962 年沃尔玛成立的时候，廉价商品店的概念已经存在了几十年。而且在同一年，美国塔吉特公司（Target）[1] 和凯马特公司（Kmart）[2] 也相继开业。全美境内的折扣店，总资产可达 20 亿美元。也就是说，除了这两家公司之外，沃尔玛的竞争对手还有很多。其中，有的资金雄厚，有

1. 美国仅次于沃尔玛的第二大零售百货集团。

2. 美国最大的打折零售商和全球最大的批发商之一。

的位置优越，总之和这些公司比起来，沃尔玛似乎没有什么优势。与此同时，山姆·沃尔顿也没有什么特别独特的经营方法。他承认自己“借鉴”了很多Sol Price的经营理念，甚至连“沃尔玛”的名字都是仿照Sol Price的Fed-Mart，Fed-Mart是20世纪50年代成立于加州南部的一家仓储型零售公司。当时走低价路线的公司有很多家。我们也讲过了，价格绝对是一种十分有效的操控手段。但是靠着低廉的价格，换不来顾客的忠诚，也不足以成功引爆、占领大众市场。而且，低廉的价格也换不来员工的忠诚。他们不会愿意为之付出心血和汗水。沃尔玛虽然价格低，但是别的公司也可以用同样的办法抢占市场。沃尔玛的成功绝对不是价格优势这么简单。

对于创始人山姆·沃尔顿来说，他有着更高的目标、初衷和信仰。他相信大众的力量，认为只要帮助别人，这些人也会帮助自己，这也是他一直以来不竭的动力。事实上，沃尔玛为自己的员工、顾客、社区服务得越多，员工、顾客和社区对他的回馈就越多。“我们的秘诀就是，大家一起努力。”这是沃尔顿的原话。

这个理念远比“为顾客省钱”宏大。对于沃尔顿来说，激励着他的不只是为顾客服务，而是为所有人服务。在他看来，成立沃尔玛更是为了实现自己服务大众的目标而做的一件事。沃尔顿致力于为自己的员工、顾客、社区提供更好的服务，这就是他更崇高的信仰。

可惜的是，沃尔顿去世后，沃尔玛没能继承他的理念。在“后山姆时代”，沃尔玛的初心变得越来越模糊。当初一心想要服务大众的公司，现在还是低价销售，但是整体感觉却变了味儿。他们不再把这当作一项崇高的事业，而是一种操控销量的手段。新的总裁忘记了沃尔顿的“为什么”，一切的出发点都是“更便宜”。现在的沃尔玛只关注差额和收益，与最初公司成立的理念大相径庭。沃尔顿曾经说过：“计算机可以告诉你卖了多少，却不能告诉你本该卖出去多少。”所有的收益都是有代价的，作为全球知名公司，沃尔玛追求收益所付出的代价已经不能用金钱来衡量。忘记了创始人成立公司的“为什么”，让沃尔玛人心尽失。想想当初沃尔顿成立沃尔玛时的理念，现在的一切是多么讽刺。

曾经那个因善待员工和顾客而出名的沃尔玛，近十年来丑闻缠身，而且几乎所有的丑闻，都和其虐待员工或者客户有关。单说 2008 年 12 月，沃尔玛就因违反薪资合同，面临 73 起集体诉讼。在这之前，他们在打官司和赔偿方面已经花了上亿美元。曾经把公司和社区关系放在首位的公司，现在却在自己和服务的社区之间加上了一道难以逾越的鸿沟。曾几何时，沃尔玛要开新店，立法者都会想办法帮助它入驻新的社区；现如今他们联合起来，想要把沃尔玛赶出去。美国各地都爆发了反对沃尔玛入驻的浪潮。就拿纽约来说，因为沃尔玛对员工的不公平待遇，布鲁克林的市民代表与工会联合，公开抗议、阻止其新店开张。

沃尔顿曾经说过：“要为自己的胜利庆祝，也要给自己的失败打趣。不要太把自己当回事。自己放松一点儿也能让周围的人跟着放松下来。”讽刺的是，现在的沃尔玛不能在失败中找到幽默感，也不能在丑闻中吸取教训，完全与成立时的初心背道而驰。他们不肯承认自己的改变，行为也越来越过分。

精神领袖沃尔顿过世后，沃尔玛的思维认知、行事风格和沟通方式都发生了翻天覆地的变化。与此同时，它的竞争者在营销方面也并没有多好。2002 年，凯马特依照《美国破产法》中的第 11 章申请了破产保护，并在 3 年后与西尔斯（Sears）百货合并。与此同时，沃尔玛的年销售额还是高达 4000 亿美元，是塔吉特的 6 倍。它们还是全球最大的超市，每年售出的 DVD、自行车和玩具在美国排第一。由此可见，沃尔玛最大的敌人不是这些外部竞争者，一直以来让其蒙受损失的，是公司本身。

对于沃尔玛来说，它的“怎么做”和“做什么”一直都没有改变，这些在过去没有影响到它的发展壮大，也没有改变人们曾经对它的喜欢。沃尔玛的改变在于，它的“为什么”变得越来越模糊不清了。我们都感受到了这个变化。一家曾经深受大众爱戴的公司，变成了过街老鼠。我们知道自己对沃尔玛的厌恶，却不知道怎么用言语来表达为什么会这样。因为大脑中负责感受的区域不能掌控语言，于是我们只能找一些明显的理由当作自己的借口，说沃尔玛是在规模和价格方面出了问题。作为旁观者不能感受到沃尔玛的“为什么”，只能说明公司已经和自己的初心渐行渐远。内部都搞不清楚自己的“为什么”，外部的人怎么能明白。可以确定的是，如今的沃尔玛已经不再是山姆·沃尔顿当初成立的那家公司。风光无限的沃尔玛怎么会沦落到这步田地?

说沃尔玛只想盈利，未免把问题想得太过简单了。所有的公司都想盈利，沃尔玛的改变绝不是因为它赚了大钱。这种想法只看到了表象，却没有抓住问题的根本原因。找不到症结所在，同样的问题还会反复出现。那些曾经的行业巨头突然间进入了衰败的怪圈，并不是命运作祟，而是输在了人心。

成功和成就感

每年，那些成功的创业者都会相聚在波士顿郊外麻省理工的法国风格大厦（Endicott House）。这场“巨头峰会”，和我们想象中的创业者大会不一样。所有人都不是来消遣的，他们不打高尔夫、不做水疗，也不举办昂贵的晚宴。每年，只有 40 ～ 50 家公司的领导人有资格参与，他们在这里待上整整 4 天，从早到晚都相互交流学习。到场嘉宾会分享他们的想法和观念，然后与会人员再针对讲话内容展开讨论。

几年前，我有幸被选作嘉宾，在巨头峰会上发表演讲。坦白讲，我以为这就是一场创业者的聚会，大家在一起高谈阔论，探讨怎么扩大利润、壮大规模。但是现场的真实情况完全不一样，和我想象中的正好反了过来。

与会的第一天，有人问到场人员，他们是否达到了自己的财务目标。现场大概 80% 的人举起了手。我感觉这种情况已经很不一样了，但是接下来的问题，更加非同凡响。举着的手还没放下来，发言人就继续问道："你们当中有谁觉得很有成就感？"这一次，大约 80% 举起的手都放了下去。

到场者都是当今美国最具发展前景的创业者，他们中的很多人已经成了千万富翁，即便不再工作，后半辈子都能衣食无忧。可是尽管这样，大部分人还是觉得自己不够成功。实际上，很多人都坦言自从开始创业感觉失去了很多。他们经常追忆往昔，因为缺钱挤在地下室里暗自努力的那段日子反而令人难忘。很多人都表示希望找回曾经的感觉。

这些伟大的创业者明白，他们的工作不仅仅是卖货和赚钱，还有更崇高的使命。他们深知，自己要在"做什么"和"为什么"之间找到平衡，所以才会相聚在这里，探讨每个人的初心。有的时候讲到这些，他们都会情绪激动。

我们总是说，创业者大都是 A 型人格，但是这些巨头不一样，他们来到这里，并不是想证明什么。大家之间不存在竞争，更多的是相互之间的信任。大概也是因为如此，他们之间可以敞开心扉，写下这一年以来佯装的坚强，袒露自己脆弱的一面。在整个交流过程中，几乎所有人都曾真情流露，流下了泪水。

人们总是在讨论，金钱到底能不能买来幸福和成就感，这个话题既无新意也没有趣味性，我不想谈及。通过参加峰会，我最为关注的反而是这些创业者心态的转变。随着公司规模不断扩大，他们越来越成功的同时，还有什么在悄然改变？

在他们的职业生涯中，确实收获了很多——金钱、办公室、员工、豪华住宅、市场份额、媒体曝光率，但是与此同时，失去的东西更是难以计数。随着有形资产的累积，那些难以名状的感觉却在一点点地消逝。这些功成名就的创业者都清楚地知道自己要“怎么做”“做什么”，却渐渐搞不清楚自己当初的“为什么”。

收获和成功

对于很多人来说，成功是件极具讽刺意味的事情。很多成功人士总觉得自己没有成就感，总是在诉说着自己的孤独。归根结底，都是因为收获和成功不是一回事，但是我们总是容易混淆这两个概念。收获指的是目标的实现，是实实在在获得的东西，它是有形的、明确的、可以衡量的，而成功更是一种感觉和状态。我们总会说，“他 / 她感觉自己很成功，或者他 / 她是个成功的人”，总要有个动词来表明成功是一种状态。制订计划有所收获似乎很容易，但是想要找到路径收获那种成功的感觉却很难。说得明白一点儿，通过追求“做什么”得到自己想要的，就是收获。通过追求“为什么”明确自己的初心，才是成功。前者是靠具体因素的推动，而后者的动力更是来自大脑深处的一种感受，难以用语言形容。

成功不能一蹴而就，是要每一天都努力追求自己的“为什么”。收获则不同，我们所有的“做什么”都像里程碑一样，指引着我们在正确的道路上前进。收获和成功不是选择题，两者对我们来说都一样重要。一名智者曾说过，“钱不能买来幸福，但是可以买到带来快乐的游艇”。这话说得很有道理，游艇代表的就是成就，它看得到、摸得着，只要选对了方向，一定会有所收获。游艇能带来快乐的感觉，可见成功的感受很难用语言来形容，更难以琢磨。关于成功的定义有很多，有的似乎相近，有的相互矛盾，谁也说不清这到底是什么。最重要的是，很多致力于追求成功的人，有时候还会把“做什么”的收获误以为是成功的重点。大概因为如此，就算“游艇”再大，收获再多，他们还是觉得没有成就感。很多人都犯了同样的错误，以为积累的收获够多，成功就能接踵而至。可惜现实总是事与愿违。

在经营公司或者追求职业发展的过程中，我们对“做什么”越来越熟悉，对“怎么做”也越来越懂行。每一次有所收获，都能有实实在在的东西，也能感受到自己的进步。这一切都让人感觉春风得意。然而很多人却在这条路上忘记了一开始的“为什么”。不知从什么时候开始，我们的收获和自己的初心分离开来。对个人来说是这样，对公司来说也是如此。那些成功的创业家所经历的转变，正是沃尔玛的症结所在，也是许多公司发展路上跨不过的一道坎儿。沃尔玛的规模宏大，“为什么”模糊不清产生的杀伤力自然也更大，从员工到顾客、社区，都会受到影响。

而那些从来没有忘记初心的公司，哪怕收获再少，也能激励我们的内心。伟大的领导者从来不会忘记自己的“为什么”，他们专注于自己的理念，排除万难带领大家朝着对的方向前进。他们的黄金圈是平衡的，在追求“为什么”的同时，他们的“怎么做”和“做什么”都进一步支撑着自己的信仰。可惜大多数人都做不到这点，不知什么时候，我们的“做什么”和“为什么”之间就失去了平衡，不再融会贯通。有形的收获和无形的成功也因此分离开来，成了一道选择题。

第十二章
遭遇断层

所有的公司，都是从小到大，一步一步发展起来的。沃尔玛、微软、苹果、通用、福特，无一例外。就像我们不能一口吃成胖子，任何公司也不会一步登天，在公司成立初期都没有并购和拆分。几乎所有的公司、组织起点都是源于一个想法。不管后来经营得如何，是像沃尔玛那样成为市值几十亿美元的国际化大公司，还是几年之后不幸破产，公司成立初期都是一个或者几个人有了新的想法，然后开始创业。甚至美国也是这样诞生的。

有了新的想法，我们也会跟着热情高涨——这种情绪推动着我们甚至有些狂热地去拼、去闯。在热情的驱使下，很多人甘愿为了内心更崇高的事业奉献更多，才把想法慢慢转化成了现实。有的人选择辍学，或者放弃薪资高、福利好的铁饭碗，单打独斗，想要干一番事业；有的人一心扑在事业上，忽略了身边的人，甚至无视身体的健康。这种激情近乎狂热，它极具传染力，也能带动身边的人。在公司创始人的激励之下，很多第一批元老都和早期采用者一样，他们跟随自己的内心放弃更高薪资的工作，愿意待遇降级加入这有着 90% 可能失败的公司。但是这时候任何数据都不重要，大家积极乐观、满腔热血，充满了干劲。这些元老级员工和早期采用者还有一个共同点，就是他们的行为更多是自我意识的体现，和公司的前景关系并不大。

尽管这样，很多公司还是没能挺下来，因为单凭激情是不够的。要想保持人们的激情，需要合理的框架结构。就像“为什么”离不开“怎么做”一样，一腔热忱离开结构框架，很容易走向失败。还记得之前的网络热潮吗？很多公司都充满热血，却没有搭建框架结构。“巨头峰会”上的创业者们则不同，他们知道要怎么搭建框架，制定策略，为公司的发展做好安排。这些公司就是数据中的前 10%，在公司成立初期最艰难的三年，都坚持了下来。实际上，他们不仅坚持过了三年，还发展得很不错。他们的问题和一般的公司不同。激情想要延续，需要结构的支撑；而结构想要发展，也离不开激情作为动力。

在参加了那次创业者峰会后，我有了新的发现：屋子里的人都怀揣着激情开始创业，他们知识渊博，搭建了相关的系统和框架，公司发展一片向好。但是多年以来，他们一直致力于把愿景和生意相结合，以至于后来很多人都只关注自己的“做什么”和“怎么做”。把所有的心思都放在了研究财务数字和其他容易量化的结果上面，一心想着“怎么做”才能收获更多，忘却当时公司成立的“为什么”。沃尔玛也是面临同样的问题——一家曾经致力于服务社区的公司，现在只想达到目标。

不管是沃尔玛还是那些优秀的创业者，他们最开始的时候在思维方式、行为举止和沟通交流方面，都是按照黄金圈法则从内到外——从“为什么”开始，然后再去想“做什么”，但是随着公司规模的扩大，他们把这个过程搞反了。“做什么”成了头等大事，所有的系统和过程都是在追求有形的利益。之所以会这样，其实原因很简单——他们的“为什么”和“做什么”分离开来，初心变得越发模糊。

最大的挑战是成功

所有公司面临的最大挑战……其实是成功。当公司规模比较小的时候，创始人会跟随自己的内心做决定。产品营销和研发、发展策略和方案、员工雇佣和解约等各种各样的决定都是创始人跟着感觉走，做出让自己感觉正确的决定，但是随着公司生意越做越好、越做越大，领导者一个人负责所有大大小小的决定实在是不太现实。公司需要更多人加入进来，参与决策，包括招聘也需要由值得信任的人来负责。渐渐地，公司的大喇叭越来越大，“为什么”也变得越来越模糊，大部分公司都不能幸免。

一开始的时候，内心的感觉是公司决策的标准，但是到了后来，理性、经验数据反而变得更加重要了。对于深受“分离”困扰的公司来说，最初的信仰已经不再是激励它们前行的动力。有人按时上下班，管理现有体系，就是为了达到既定目标，他们已经忘却了心中想要打造的大教堂，激情不再，内心的动力也降到了最低点。到了这种时候，大部分人都是在被动完成任务。如果一家公司内部的人都是这样，那外面的人会有什么感觉？这种情况下，操控就成了主要的管理手段，这么做不仅能招揽消费者，也能拴住自己的员工。红利、升职，各种诱惑和恐惧的操控，成了留住人才的唯一方法。没有人去想要怎么激励人心。

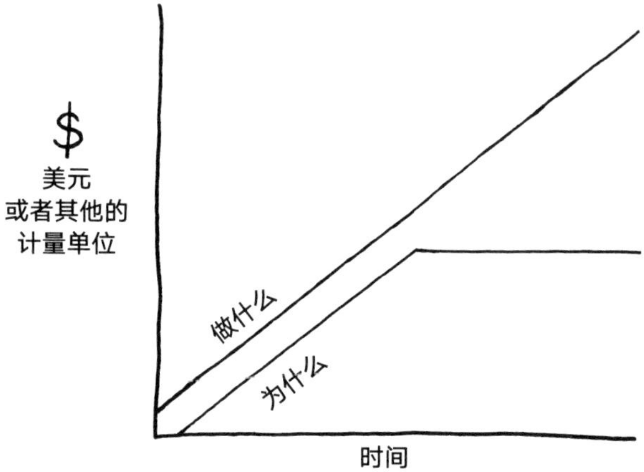

上图描绘了一家公司内部的场景。上面的线代表公司一直以来的“做什么”。它的衡量标准通常都离不开钱——利润、营业额、息税、折旧及摊销前收入、股价上涨。但是，根据公司的所属行业，计量单位不尽相同。打个比方，如果这家公司负责救助走失的小狗，计量单位就是获救的小狗数量。总之，一家公司“做什么”非常容易衡量，“做什么”是有形的、可数的。

第二条线代表公司的“为什么”有多么明确，这是公司的目标、初衷和信仰。理想状态下，随着“做什么”越来越多，“为什么”也应该与之相互贯通，越来越明确。换句话说，喇叭大了、声音响了，传达的信息要更清楚才可以。

大喇叭的声响完全取决于“做什么”。随着公司累积的“做什么”越来越多，这条线都能往上走，但是想成为行业的领头羊，必须有激励的力量、明确的“为什么”才可以。当一家公司的“为什么”变得模糊的时候，分裂就开始了。就算大喇叭的音量再大，也传达不出明确的信息。

当一家公司规模较小的时候，“做什么”和“为什么”之间更能融会贯通，两条线也接近于平行。这时候公司的总体风格多取决于创始人的个性，员工也更能“明了”。因为这时候激情的源头离大家都很近，创始人每天都和大家一起工作，“为什么”自然也很明确。越是规模小，办公场所受限，所有的员工挤在一起反而方便相互之间的交流。而这时候，创始人也和大家一起，大家能直接感受到他洋溢的激情，使命感也跟着野蛮生长。对于这些安于现状的小公司，明确的“为什么”确实能让工作效率得到提升，但是否把初心讲出来影响并不大。但是，如果你想要通过校车测试，成为资产几十亿美元的公司，改变整个行业的发展，就必须平稳度过“分类”的状态。

校车测试是一个比喻。试想一下，如果公司的创始人被校车撞了，不能继续领导大家，这家公司还能跟上以前的步伐，继续向前发展吗？太多的公司在成立之初，都是围绕着创始人的个性发展而来，以至于核心人物的离开总是会带来致命的打击。这个问题谁都不能回避——毕竟人终有一死——关键在于，公司能不能提前准备好，安然度过分裂期。想要抓住创始人死死不放是不现实的，最重要的是跟随公司创始的初心，把“为什么”传承下来。

一家公司如果想通过校车测试，哪怕在创始人离世之后还能继续激励人心，就必须不忘初心，把“为什么”融入公司的企业文化之中。与此同时，下一任的领导者也要有同样的理念，带领新一代的员工朝着同样的目标奋进。要想激励未来的领导者和员工，单靠创始人的个性远远不够，他们必须有更崇高的愿景，而不是一味追求公司利润和股价。

微软就曾经历过分裂期，好在两条线没有距离太远，还有回归正轨的可能。曾几何时，微软人每天都激情饱满，想要改变世界。微软真的做到了，它让电脑进入了大多数人的工作之中，改变了我们的生活。但是后来，它的“为什么”变得模糊不清，领导者每天说教，想让员工提高效率，拉动收益。微软越发泯然众人，成了一家软件公司。

好在，在美国华盛顿州雷德蒙德的微软总部，“为什么”只是模糊了，并没有被遗忘。那种崇高的使命感和想要改变世界的决心，仍然是微软的愿景，只不过它太过专注于“怎么做”和“做什么”，注意力变得涣散了。好在，微软还有机会明确“为什么”，找回最初激励的力量。如果它不能抓住机会，而是一直沉迷于“做什么”之中，忽略自己的“为什么”，就会重蹈当年美国在线（AOL）的覆辙，因为分裂而彻底失去初心。当初的美国在线，就是因为没了“为什么”，最终陨落。

美国在线曾是代表美国“新经济”的最著名的网络公司，称得上是全世界互联网公司的鼻祖，是世界上规模最大、身价最高、经营最成功的互联网企业。很多人为了追随 AOL 的脚步，甚至搬到弗吉尼亚州，就是为了成为其中的一分子。和所有激励人心的公司一样，AOL 给我们的生活也带来了翻天覆地的变化。整个美国都在它的激励下开始网上冲浪。它的目标明确，所有的决定都源自最初的“为什么”，为了能让更多人接触网络，它甚至不惜在短期内让生意蒙受损失。带着对“为什么”的执着，AOL 敢为人先，在竞争者还是按小时收取网费的时候，就开设了网络包月，一时间网络拥堵，很多服务器都中断了。其实，它的这个决定既不现实也不理智，但是却让 AOL 实现了心中的愿景。哪怕服务器中断，只会促使其更加努力工作，克服设备和技术上的缺陷，以确保更多的美国人可以顺利上网。

在那段日子里，有个 AOL 的电子邮箱号码是件值得自豪的事情——这说明你也是网络革命的一分子。但是时至今日，如果你还有这个邮箱，就太落伍了。@aol.com 的含义都有如此大的变化，从侧面说明了 AOL 的“为什么”已经分裂得太远。没有了明确的“为什么”，AOL 想要发展只能靠惯性、吃老本。它不再激励人心，从员工到消费者，都能感受到这个变化。我们不再像从前那样讨论AOL，也不再以同样的眼光看待这家公司。人们再也不会把AOL和谷歌、脸书等改变世界的公司相提并论。一辆前行的货运火车，哪怕拉下刹车，还会因为惯性向前行驶一段路程，这是简单的物理学。虽然AOL还能靠着曾经的规模和动力维持一段时间，但是没有了激励人心的目标、初衷和信仰，曾经辉煌的公司只不过是一群人的集合。到最后的结果只能是被兼并或者被收购，仅剩的技术和顾客也会被卖掉。曾经叱咤风云的AOL最后如此惨淡收场，令人唏嘘。

由此可见，那些成功的创业者怀念旧时光也就说得通了。不忘初心，方得始终。他们所向往的，都是分裂前的那段时期。这种想法是对的，想要继续发展，就必须回到最初的状态，让你的“做什么”和“为什么”保持平行。如果执迷不悟，以损失“为什么”为代价，一味追求“做什么”的增长，音量确实可以更大，但是信息还是不能明确传达。想要向前发展、激励人心几乎不可能。那些我们耳熟能详的公司，包括沃尔玛、微软、星巴克、GAP、戴尔等，都经历过分裂期。如果它们不能找回自己的“为什么”，重新激励内部员工和外部顾客的内心，都会和AOL是一样的下场。

量化的工作做得更好

大一那年的秋天，克里斯蒂娜·哈布里奇（Christina Harbridge）

想找一份兼职。恰巧报纸上萨克拉门托（Sacramento）招聘“收藏家”，哈布里奇想到古董交易市场发展前景好，便前去应聘。后来，她才发现这项工作是帮助收账人整理文件。因为在英文中“collector”不仅指收藏家，还有收账人的意思，自己误以为是古董行业前来应聘，直到前去工作，她都没搞明白自己具体要做什么。

收账办公室很大，里面有几十张桌子，收账人面对长长的名单，挨个儿打电话催账。屋子里面毫无隐私——谁说了什么、做了什么，别人都知道。大家催账的时候言语尖厉，让哈布里奇不寒而栗，“他们穷追不舍，甚至威胁这些人。为了套出信息，这些人什么都做得出来”。

与此同时，哈布里奇发现要账公司的老板和所有的收账人实际上都十分和善、宽厚。大家相互帮助，共同解决问题，甚至在节日期间一起筹资，资助那些无家可归的人，但是只要坐到电话跟前开始要账，这些人就变得咄咄逼人、蛮不讲理，说话也尖酸刻薄。这并不是他们的本性，只是因为工作要求才故意这样。

大家在工作中这么表现无可厚非，毕竟著名的销售导师杰克·戴利曾说过：“量化的工作做得更好。”收债人的工资是和要回来的钱数挂钩的，大家自然打电话更卖力。这个行业也因此充斥着威胁、纠缠、恐吓和挑衅。过了很久，哈布里奇也能像其他人一样，对待欠债人用不一样的口气说话。她说：“我和大家一样，用同样的方式对待电话那头的人。”

但是对哈布里奇而言，自己的“做什么”和“为什么”差距实在太大。她开始思考，是不是有更好的收债方式呢？“我想自己开一家收债公司，大家都能客客气气地要账。”哈布里奇说。同行听了她的话都嗤之以鼻，觉得她想得太天真了。

不管怎样，哈布里奇还是保持着这种天真的想法，并在1993年搬到了旧金山，在那里创办了自己的收账公司——桥港金融（Bridgeport Financia）。她始终相信，对他人多一分尊重、少一分纠缠，要账也能更顺利。她根据自己的“为什么”，创建了心中的要账公司——她相信，每个人都有自己的故事，都值得有人用心倾听。因此，她要求要账人在短短三分钟的通话中，和电话那头欠债的人建立和谐的关系，并尽量了解对方的情况：他们有能力还债吗？有还款计划吗？他们是暂时不能偿还债务吗？“我们希望能听到大家的实话。”哈布里奇说，“公司里也有法务部，但是最好不要走到这一步。”与此同时，哈布里奇也明白，不管她的初衷是什么，如果还是用同样的量化方式衡量要账人的工作，最后员工还是会走上老路。于是，她想到了一种新的激励政策，去衡量大家的“为什么”。

在桥港金融，收账金额和工资完全不挂钩。哈布里奇给每名员工都发了“致谢卡”，他们送出去的致谢卡越多，工资就越高。要想把工作干好，可不是件容易的事情。要想给对方寄卡片，感谢他们在电话中的交流，必须具备几个先决条件。首先，哈布里奇要找到和自己有着同样信仰的员工，也就是适合这份工作的人。如果要账人和她的想法不一样，觉得不是谁都有故事，都值得倾听，这些激励政策就完全没有效果。只有认同哈布里奇的理念，才能通过电话聊天，营造和谐的氛围，送出致谢卡。当然了，打电话最根本的目的，还是要账，但是哈布里奇却没有衡量“做什么”，而是将“为什么”量化。在桥港金融的企业文化中，同情心比什么都重要。

但是公司的其他方面怎么样呢？哈布里奇的公司收益好吗？毕竟，这是大部分公司的首要诉求。实际上，桥港公司收回的欠账，是要账公司平均账款的3倍。更重要的是，这些欠账人或者欠账公司，因为哈布里奇的公司，更愿意和曾经的要账人继续合作。这在收账行业中可以说是史无前例。

哈布里奇之所以能成功，不仅是因为明确的“为什么”，更是因为她找到了量化“为什么”的好方法。桥港金融理念清晰、发展迅速。从“为什么”开始，一切都能水到渠成。

相比之下，当今很多公司都有着明确的衡量单位，记录着“做什么”方面的进步和收获，而且这些通常都和钱挂钩。可惜的是，很少有人去量化自己的“为什么”，去评估初心是否还依旧清晰。德怀恩·霍诺尔（Dwayne Honore）子承父业，在过去的10年里，一直在美国路易斯安那州（Louisiana）的巴吞鲁日（Baton Rouge）经营一家建筑公司。作为一名卓越的领导者，霍诺尔很多年前就制定了一套体系，确保自己的价值观深深植根于企业文化之中。他认为人们不应该一心扑在工作上，而应多花一点儿时间陪自己的家人。很多公司常把平衡工作和生活挂在嘴边，但是只有霍诺尔想到了办法，关心自己的员工是不是平衡好了工作和生活。

荣誉建筑公司的每一名员工上下班都必须按时打卡，但是这和别的公司打卡不太一样。这里的员工早晨必须在 8 点到 8 点半打卡，下午必须在 5 点到 5 点半打卡。任何原因导致下午打卡过了时间，都要扣除奖金。员工知道自己必须按时离开，工作起来也格外注重效率，绝不浪费时间。这里的人工作效率高，人员流动率低。我们可以想象一下，自己在年休假之前是多么卖力，这里的员工每天都是这样。这就是德怀恩·霍诺尔独特的衡量体系。他用这个方法衡量着自己认为最重要的理念，这个理念也得到了大家的认可。而且这种做法明显能通过芹菜测试，所有人都能了解他的“为什么”。

销售的商品和提供的服务，都可以用钱来衡量，但是要计算价值，金钱也失去了魔力。一个人赚了很多钱，并不一定提供了多少价值。通过衡量售出的商品或者收入的金额，没有办法计算价值。价值是一种感觉，是没有办法测量的。价值是一种认知。有的人可能觉得，物美价廉就更有价值，但是这又是什么衡量标准呢？

我的叔叔以前卖过网球拍。球拍生产厂也是一个著名品牌的代工厂。我叔叔卖的球拍和品牌球拍用的一样的材料、一样的机器生产出来，只不过他的球拍上没有品牌的标志。成品都是放到一样的箱子里，在一样的零售卖场里出售，只不过没有牌子的球拍价格也低很多。渐渐地，品牌球拍已经卖出去很多了，我叔叔的球拍却没有多少人买。明明东西一样，价格还便宜，为什么销量不好呢？因为人们都觉得品牌的东西更有价值，多花一点儿钱，感觉却更好。

从逻辑上说，肯定是没牌子的球拍物美价廉，更有价值。由此可见，价值是一种认知，根本没有办法衡量。也正因为如此，很多公司都愿意花大价钱营造品牌形象，但是哪怕再有力的品牌，只能让人感觉更有价值。增加价值感的因素有很多，这些因素必须有一个明确的“为什么”。

如果大喇叭之外的人能够认同你的“为什么”，你可以通过自己的所说、所做明确地表达自己的信仰，就能收获对方的信任，在他的心中增加价值感。这样一来，忠诚的顾客宁愿多花钱、承受不便，也要买到自己心仪的商品，享受这种收获价值的感觉。因为在他们看来，花费的金钱和时间都是值得的。他们自己可能会说，之所以这么选择是因为产品的质量或者功能，总之是一些容易看出来的地方。但是实际上影响他们的不是这些外部因素，因为那种感觉源自内心。如果消费者讲到这家公司的时候，能够明确说出他们的理念和信仰，不需要从价格、质量、服务或者功能方面找借口，就证明这家公司的“为什么”足够明确，成功度过了分裂期。如果人们情绪高昂，用发自肺腑的言语来描述自己所获得的价值，比如“爱”，那么这家公司的“为什么”一定明确、清晰。

合格的继任者，能守护最初的“为什么”

2008 年 6 月，比尔·盖茨离开微软，发表最后讲话的时候，有几个字他没有说到。也许他自己都没有意识到，自己忘记了告诉大家一句话：

“我会回来的。”

其实早在2000年，比尔·盖茨就把微软首席执行官的职位让给了史蒂夫·鲍尔默，自己则腾出更多的时间和精力，专注于比尔及梅琳达·盖茨基金会。当然，比尔·盖茨还是保留了自己在微软的职位，也经常去美国华盛顿州雷德蒙德的微软总部。他一直计划着有一天，把公司的经营权完全交到别人手里，但是盖茨犯了一个很多公司创始人都会犯的错误，导致自己的计划泡汤。一个小小的疏忽，给微软带来了致命的打击，甚至比尔·盖茨都要回来重新掌舵，救公司于危难。

比尔·盖茨是个非同凡响的领导者，他有着过人的智慧和独特的管理风格，但是单凭这两点，不足以白手起家，创建市值600亿美元的微软公司。和所有拥有远见卓识的伟大领导者一样，比尔·盖茨的出众之处在于他代表了自己的信仰。他就是微软“为什么”的化身，犹如灯塔一般，提醒着所有微软人“为什么”要来这里工作。

1975年，比尔·盖茨和保罗·艾伦共同创建了微软公司。从那个时候起，盖茨就相信：不管一个人命运如何，只要能找到适合的工具，就能提高效率，发挥自己的潜力。他向往有一天，能够“让每个家庭的桌子上，都放着一台电脑”。尽管微软不生产电脑，他却有着这样惊人的愿景。比尔·盖茨认为，电脑就像是均衡器，能帮助人们获得更多能量。微软最成功的软件——Windows系统是一款任何人都能使用的科技产品，微软的文档系统，包括 Word、Excel 和 PowerPoint，提高了所有人的办公效率。有了 Windows，哪怕是一家小公司，也能和大公司一样。微软帮助比尔·盖茨距离自己的愿景更近了，给“所有人”都带来了更多能量。

我们不得不承认，尽管苹果凭借自己独特的创意重新定义了许多行业，但是在改变世界方面，微软做得更多，是微软将电脑引入人们的生活中。盖茨在所有人的桌子上都放上了电脑，因此改变了全世界。作为微软“为什么”的化身，盖茨帮助“所有人”发挥出了自己的潜力。现在他要离开微软了，所有人将何去何从？

在比尔·盖茨看来，他个人得到了“过多”的关注，自己在微软的角色远没有世人想象中的那么重要。他和所有激励人心的领导者一样，认为自己要做的是带领大家找到信仰，要想进一步把愿景转化成现实，需要其他人来完成。这就好比马丁·路德·金当初走过亚拉巴马州（State of Alabama）塞尔玛（Selma）的埃德蒙德·佩图斯大桥时[1]，如果身边只有五位民权领袖，也不可能改变美国。要想推进民权运动，他需要身后几千人的支持。盖茨意识到真正的改变需要更多人的参与，却忽视了要让社会运动或者商业变革发挥影响力，必须由领导者在前面带头。人们需要有人在前面规划愿景，提醒大家聚在一起的初心。尽管马丁·路德·金需要穿越埃德蒙

1. 1965 年 3 月 9 日，金博士带领大约 2500 名游行者徒步跨越埃德蒙德·佩图斯大桥。

德·佩图斯大桥，才能从塞尔玛徒步走到蒙哥马利，但是这么做的意义，不仅是过桥那么简单。公司运营也是一样，利润和股价固然是追求的目标，却不能激励员工认真工作。

微软的分裂期是从几年前开始的，它从一家改变世界的公司，逐步朝普通的软件公司靠拢。好在盖茨时不时的出现和公关，总能帮助微软想起当初的“为什么”，不至于完全丧失初心。但是如果盖茨完全离开微软，公司没有合理的体系去衡量，同时提醒所有人他们的信仰和理念，随着时间的推移，这给微软带来的影响将越来越大。

盖茨的离开不是个例，总有领导者离开自己一手创办的公司。比如史蒂夫·乔布斯，他代表着革新，也是苹果“为什么”的化身。1985 年在苹果内部的权力之争中，乔布斯被约翰·斯卡利（John Sculley）和公司董事会赶出了苹果。这也给苹果公司带来了深远的影响。

1983 年，乔布斯说服了约翰·斯卡利加入了苹果。他是个不错的管理者，扩展市场的能力闻名于世，知道要“怎么做”“做什么”。来苹果之前，斯卡利是百事可乐的总裁，他带领百事公司推广“百事挑战”，这项计划让百事第一次超越竞争对手可口可乐，获得了市场份额。可惜的是，斯卡利并不适合苹果。他只谈生意，不谈梦想，不能激励大家朝着崇高的愿景奋斗。

既然这样，斯卡利为什么能来到苹果公司，和乔布斯担任苹果联合 CEO 呢？原因很简单——他被操控了。斯卡利并没有主动找乔布斯，也没有主动提出想要加入苹果。当时的真实情况，似乎为以后斯卡利和乔布斯的分道扬镳埋下了伏笔。乔布斯明白自己需要帮助，需要有懂得“怎么做”的人来帮助他实现愿景。于是他找到了有着辉煌履历的斯卡利，说出了那句著名的话：“你是想一辈子卖糖水，还是和我一起改变世界？”这句话拿捏住了斯卡利的自尊心、抱负以及恐惧心理，成功操控了对方。这让乔布斯自己也尝到了苦果，谁也没想到几年之后，他会被自己招进来的人赶出苹果公司。

乔布斯曾经的余温让苹果公司得以吃了几年的老本。苹果电脑销量不错，新的软件程序也更新换代，但是这种状态没能维持多久，苹果就开始走下坡路。面对分裂期，公司选择毫不作为。随着时间的流逝，苹果的“为什么”越来越模糊，曾经的理念荡然无存。

尽管斯卡利善于经营公司，但是他缺乏理念，不能引领一项事业。《财富》杂志评论苹果的新产品“不再是变革，更像是更新”，并且指出“有的人觉得新产品很无趣”。斯卡利也受不了苹果总是“感情用事”的行事风格。他对公司上下进行重组，换了一批新的管理人员，希望能让苹果重振雄风。但是这只是在“怎么做”方面下功夫，而他们的问题其实是出在了“为什么”上。公司的士气也一蹶不振，直到 1997 年乔布斯回归，苹果才重新找回存在的“为什么”。有了明确的信仰，苹果又开始紧锣密鼓地挑战现状、追求革新，重新定义不同行业的发展。乔布斯掌舵的苹果，也重拾之前

“改变现状、让个人能力更强大”的企业文化。经过“为什么”的过滤，苹果的决策行之有效。和大多数激励人心的领导者一样，乔布斯敢于对外部的建议质疑，继续跟随自己的内心。经常有人指责乔布斯，觉得他不走大众市场路线，也不允许仿制苹果电脑。他当然不会同意，因为这种做法违背了他的初心，也不可能通过芹菜测试。

当一家公司“为什么”的化身突然离职，却没有把创立的“为什么”传承下去，继任者自然搞不清楚公司的理念和信仰。这种情况下，新的首席执行官会把工作的重点放在“做什么”上，忽略“为什么”。更糟的是，有的继任者不考察现实，就要把自己的理念植入接手的公司，完全不去想大家最初为什么聚到一起。一个继任者本该乘着企业文化的东风，带领大家继续向前，可是新的领导者却和公司原本的企业文化背道而驰，这就会导致公司内部士气低落、很多人选择离职，留下的人也会消极怠工、表现平平。公司内部的信任逐渐消失，所有人心中想的都是个人的利益。

戴尔公司就是这样。迈克尔·戴尔（Michael Dell）创办戴尔的时候，心中也有更崇高的信仰。公司成立之初，戴尔专注于提高效率，让更多的人可以使用电脑。可惜的是，戴尔自己都渐渐忘了初心。2004 年 7 月从公司离开的时候，他也没有把理念传承下去。后来的戴尔，在客户服务等诸多方面都开始有衰退的迹象，戴尔本人在离任 CEO 不到三年，又被迫回来力挽狂澜。

迈克尔·戴尔意识到，自己必须亲力亲为，才能保证戴尔公司不忘初心，避免为了追求“做什么”而丧失“为什么”。“公司太过专注于短期利益，总是把一时的收益作为首要目标——这成了问题的症结所在。”迈克尔·戴尔在2007年《纽约时报》的采访中说。戴尔公司内部一度出现了混乱局面，从2003年到2006年，管理人员为了完成销售任务，故意修改年度收入报告。这也从侧面说明戴尔的企业文化太过于追求经济效益，让很多管理人员压力倍增，拼命想要维持收益。与此同时，戴尔明显没有跟上市场的改变，特别是在消费者市场，个人用户似乎更青睐同类竞争品牌的电脑，而不是戴尔。2006年，惠普（Hewlett-Packard）成为全世界最大的个人电脑品牌。没有了“为什么”，戴尔的分裂期变得异常艰难。

星巴克也是一个很好的例子。2000年，霍华德·舒尔茨（Howard Schultz）辞去星巴克总裁兼首席执行官一职。尽管星巴克每周的客流量还是能达到5000万人，公司却渐渐分裂。

纵观星巴克的发家史，我们可以发现星巴克的成功不在于咖啡的口味，而是它为顾客提供的体验。1982年舒尔茨加入星巴克，为这家公司注入了“为什么”。10年前，第一家星巴克在西雅图开张，由杰瑞·鲍德温（Jerry Baldwin）、泽夫·西格尔（Zev Siegel）和戈登·鲍克（Gordon Bowker）联合创办。星巴克一开始的定位是卖咖啡豆，刚加入进来的舒尔茨并不满足，他认为公司应该有更宏大的目标，为公司的发展设定了新的愿景和理念，这才有了今天的星巴克。舒尔茨一直对意大利咖啡馆十分着迷，首先提出要打造一个舒适的地方，让人们除了家里和单位，还有“第三空间”可以休息。那个时候，只有大学校园有这样的咖啡馆，但是星巴克在“为什么”的驱使下，单枪匹马改变了美国的咖啡文化。

那时的星巴克代表的不仅是一杯咖啡，而是一种不一样的价值观和信仰。人们之所以喜欢星巴克，是因为认同它的理念，这让人感觉振奋，深受鼓舞。但是再伟大的公司，也必然经历分裂期，星巴克也不能例外。它同样忘记了最初的“为什么”，一门心思扑在了销售额和产品上。曾经，在星巴克可以一边用陶瓷杯喝咖啡，一边吃瓷盘子上的丹麦起酥面包，这也是星巴克理念的体现，人们可以在单位和家以外的地方享受片刻的舒适与安宁。但是因为瓷器易碎，不容易保存，星巴克后来把咖啡杯都换成了便宜的纸杯子。这样节约成本也是有代价的，星巴克失去了消费者的信任。一次性杯子里的咖啡，似乎在说“我们爱你，但是出去喝咖啡吧”。这和最初“第三空间”的理念完全相反，只不过就是一杯咖啡。一个改变足以说明，星巴克的“为什么”已经变得模糊不清了。值得庆幸的是，当时舒尔茨还在星巴克任职，时不时可以提醒大家公司的初心，但是自从2000年他离开了星巴克，一切似乎陡转急下。

短短10年间，星巴克从不到1000家门店发展到了1.3万多家。舒尔茨离开星巴克8年之后，公司换了两个新的CEO，却仍然腹背受敌，既深陷过度扩张的泥潭，又被来自麦当劳、唐恩都乐（Dunkin donuts）的竞争压得喘不过气。就在舒尔茨回归前夕，他给当时的星巴克首席执行官吉姆·唐纳德（Jim Donald）写过一封便条，希望他可以“做出改变，继承曾经的特色和传统，让激情重新回归”。星巴克止步不前的原因不是快速扩张，而是舒尔茨没有把“为什么”铸入企业文化之中，导致自己离开后公司迷失了发展的方向。2008 年舒尔茨再次回归，取代唐纳德成了星巴克董事会主席兼首席执行官，希望能够带领星巴克回到分裂期之前。

这些伟大的领导者，都不是天生英才。比如，大家都知道史蒂夫·乔布斯生性偏执，比尔·盖茨有点儿社交恐惧症。与此同时，苹果和微软都是有着几千人的公司，单凭一个人的力量是不可能让一切都井然有序的。想要把公司管理好，还需要团队的头脑和协作，一起构建黄金圈大喇叭。这些伟大的领导者身边都有同样信念的支持者，他们其实和公司的高管没有什么不同，只不过并不是所有的 CEO 都能成为公司理念的化身，带领大家朝着崇高的愿景前进。只有这些伟大的领导者，能时刻提醒着所有管理人员和员工“为什么”要努力工作。简单地说，就是他们能够激励人心。但是哪怕是比尔·盖茨，也没能明确讲出自己的初心，找到可以传承公司理念的继任者。要想继续这份事业，他必须亲力亲为。可是，乔布斯、戴尔、舒尔茨，这些激励人心的领导者总有离开的一天，公司又将何去何从？

不管公司的规模是大是小，成功都是最大的挑战。随着微软的发展壮大，比尔·盖茨很少去提自己的信仰和改变世界的愿景，更多的时候都在说公司下一步的计划和做法。这已经不再是曾经那个希望帮助人们提高效率，发挥个人最大潜力的微软，而是一家研发软件的普通的公司。这种微妙的变化影响了人们的行为和决策，更改变了公司未来发展的框架。好在，尽管微软变了，比尔·盖茨还在那里，能够代表公司的理念，激励公司的上上下下。

盖茨为了实现自己的愿景做出了很多的努力，微软公司只不过是其中的一部分。微软的成立和发展是盖茨实现“为什么”的一种做法，现在的他“做什么”虽然改变了，但还是自己理念的化身。比尔·盖茨致力于通过盖茨基金，帮助人们克服生活中的困难，发挥最大的潜力，只不过这个目标不再通过软件来实现。史蒂夫·鲍尔默也是个出众的人才，但是却不能代表盖茨的理念和信仰。他是一个强势的领导者，工作的重心都放在盈利、竞争者和市场份额上面。我们不得不承认，鲍尔默是个懂得“做什么”的管理人才。他和苹果的约翰·斯卡利、星巴克的吉姆·唐纳德、戴尔的凯文·罗林斯（Kevin Rollins）一样——都是伟大帝国的继任者，却没能成为公司理念的化身。也许，他们能辅佐创始人打造更好的天地，却不能做继任者传承公司的信仰。

这些公司的企业文化都是围绕创始人的愿景形成的。想要续写曾经的辉煌，唯一的办法就是找到有着同样信仰的继任者，把公司的理念传承下去，而不是将自己的想法强加于公司的理念之上。鲍尔默很擅长调动气氛，但是他能激励人心吗？

合适的继任者不仅需要具备管理技能——最重要的是要有同

样的理念和信仰，才能把公司成立之初的愿景传承下去。那些卓越继任者，不管是第二任还是第三任，都不是为了施展个人的抱负而上位的。他们拿过接力棒、高举旗帜，带领公司进入一个新的发展阶段，所以我们说的是“继任”而不是“替任”。因为他们要坚守公司的理念，传承曾经的愿景。

西南公司一直没有偏离初心，历任 CEO 都能坚守信仰，这主要是因为他们的理念已经深深植入企业文化之中，赫布·凯莱赫的继任者同时也是公司信仰的化身。霍华德·帕特南是凯莱赫之后的第一位总裁。他的一生都在和航班打交道，但是帕特南能够胜任西南航空的 CEO，不是因为他的履历，而是因为他真心属于这里。根据帕特南回忆，在凯莱赫给自己面试的时候，他们双方都十分放松。他自己舒服地靠在椅子上，凯莱赫则在桌子下面脱了鞋子。最有意思的是，帕特南还看到了对方袜子上的洞。那一刻他突然意识到，自己和这份工作是绝配，他自己的袜子上也有洞，就和凯莱赫一样。这种感觉简直太妙了。

尽管帕特南觉得西南航空的工作很适合自己，但他是否真的能领导西南航空呢？我有幸和帕特南相处过半天。在那天下午的交流过程中，我提议休息一下，一起去喝杯星巴克。一听这话帕特南很激动。“我不喝星巴克！”他说着，“5 美元去喝那种东西？星冰乐那是什么啊！”那一刻我发现，帕特南和西南航空真的很配。他就是一个喜欢吃邓肯甜甜圈的普通人，是从凯莱赫手里接过接力棒，把理念传承下去的不二人选。西南航空的愿景激励着他，也是他的目标，他从来不想去改变西南航空。凯莱赫找到了能够代表公司理念的继任者。

西南航空的企业文化如此深入人心，选择合适的继任者成了一件非常自然而然的事情。2001 年继任的 CEO 科琳·巴雷特（Colleen Barrett）也是如此。在这之前，她已经在凯莱赫圣安东尼奥（San Antonio）的律师事务所做了将近三十年的助理。巴雷特任职的时候，西南航空的员工已经将近 3 万人，同时拥有 344 架飞机。她自己都说，那时候公司的运营已经进入了“集体协作”时代。凯莱赫已经隐退，不会每天都参与到公司的事务中，但是他已经在西南航空内部植入了强大的企业文化，哪怕本人不到场，信仰、理念也会继续传承。凯莱赫是否到场已经不再重要，因为大家都知道他的故事，这些流传的故事让“为什么”充满活力。巴雷特自己也承认，自己并不是一个聪明人，但是作为西南航空的 CEO，她不需要聪明绝顶。她要做的是守护初心，传承理念，让自己成为西南航空信仰的化身，时刻提醒大家公司的“为什么”。

幸运的是，我们很容易判断一名继任者能不能传承公司的“为什么”。只要通过芹菜测试，就能知道这家公司的“做什么”和“为什么”之间能不能融会贯通，测试出来它们的“做什么”能不能体现最初的“为什么”。如果公司的产品、服务、营销策略和公关都不能让人搞清楚这里的信仰和理念是什么，很可能他们自己已经忘了初心。我们自然也不知道。

失去“为什么”，还能“做什么”

1992年4月5日的早上，沃尔玛弄丢了自己的初心。就在这一天，沃尔玛的精神领袖、全世界最大零售商的创始人，也是公司信仰的化身沃尔顿在小石城的阿肯色大学医学院（University of Arkansas Medical Science Hospital）与世长辞。沃尔顿因骨髓癌去世后，他的大儿子罗布森·沃尔顿（Robeson Walton）接替父亲，开始担任沃尔玛百货公司的总裁。他在公开讲话中指出，“公司的发展方向、运营方式和管理政策都不会改变”。可惜的是，对于沃尔玛的员工、消费者和股东来说，这句话根本不真实。

山姆·沃尔顿一直是普通人的代名词。尽管在1985年的福布斯富豪排行榜中他被评为世界首富，这个称号一直跟随他直到离世，但是沃尔顿一直没有那么在意这些。当然了，他是个出色的商人，而且成功和盈利确实挂钩，但是沃尔顿的成就感并非来自金钱的累积，追随他在沃尔玛工作的人也不把这些作为衡量成功的标准。一直以来，沃尔顿心系每一个人。

他坚信：只要帮助别人，这些人也会帮助自己。在自己的生活和公司的经营中，沃尔顿也秉承这一理念，所做的一切都是他初心的证明。比如在公司成立初期，沃尔顿坚持和普通员工一样，周末也去上班。他记得普通员工的生日、重要的纪念日，甚至一个员工的妈妈刚做完胆囊手术，沃尔顿也知道。他会斥责公司的高管开豪车，很多年都坚持不用私人飞机。他觉得普通的美国大众没有拥有的东西，人民的拥护者也不该拥有。

在沃尔顿掌管沃尔玛的那段时间里，公司一直没有经历分裂期，因为沃尔顿一直谨记自己的“为什么”。“我还是不明白，我在理发店剪头发怎么都能成为新闻，不然我能去哪儿理发呢？”沃尔顿曾说，“为什么我还开着旧皮卡？不然我的狗怎么办，难道放到劳斯莱斯里？”他总是穿着标志性的花呢夹克，戴着棒球帽，俨然一个普通的美国民众——和自己致力于服务的大众一模一样。

就是这个深受员工、消费者和社区爱戴的沃尔顿，却犯了一个致命的错误。他没有把自己的理念和信仰表述清楚，以至于自己去世后，沃尔玛忘记了曾经的初心。当然，这也不全是沃尔顿的错。毕竟，控制着我们“为什么”的大脑区域没有语言功能。所以他也和很多人一样，只能把“怎么做”说明白，以为这样就可以让愿景成为现实。沃尔顿总是说，东西一定要物美价廉，让普通的美国民众都能负担得起。他总是说要在农村开店，因为大部分的美国劳动力都在那里，这样他们在家附近就能买到需要的东西，不用开车跑到城里。这些都是他初心的体现，都能通过芹菜测试。沃尔玛，就是建立在他服务大众的“为什么”之上，可惜沃尔顿自己忘记了把这些说明白。

一直到去世之前，沃尔顿还是积极参与公司事务，直到身体撑不住。所有伟大的领导者都能通过自己的出现帮助公司明确初心，沃尔玛也是一样，沃尔顿在公司出现，能时刻提醒所有的员工他们“为什么”来这里工作。他一直激励着身边的所有人。当初乔布斯离开苹果几年之后，苹果的问题才慢慢显露。沃尔玛也是如此，沃尔顿去世后，他的余热在公司内维持了一小段时间。但是渐渐地，沃尔玛的“为什么”变得越来越模糊，公司的运营方向也发生了变化。曾经让沃尔顿嗤之以鼻的财富，成了沃尔玛发展的动力和追求。

开市客（Costco）是美国最大的连锁会员制仓储量贩店。创始人吉姆·辛内加尔（Jim Sinegal）和杰弗里·布罗特曼（Jeffrey Brotman）一个知道“为什么”，一个负责“怎么做”。辛内加尔和沃尔顿一样，也是从 Sol Price 那里找到的灵感，才开始了解折扣零售。与此同时，他也坚持以人为本。“我们的目标是让公司像一个大家庭一样，大家都能相互帮助。”辛内加尔在接受美国广播公司（ABC）电视新闻杂志节目《20/20》的采访中说。和很多激励人心的公司一样，开市客也信奉员工至上。这里员工的工资比山姆会员店（世界 500 强企业沃尔玛旗下的高端会员制商店）高出 40%。与此同时，开市客的员工福利也高于平均标准，他们还为 90% 以上的员工购买了医疗保险。正因为公司的用心，开市客的员工流失率一直不到山姆会员店的五分之一。

和其他坚守初心的公司一样，开市客也需要大喇叭的帮助。他们没有公关，不打广告。扩散定律就是开市客最好的宣传。“试想一下，你有 12 万个忠诚的使者，时刻在讲你的好。”辛内加尔曾这么说。他深信员工的信任和忠诚，远比广告和公关更有价值。

多年以来，华尔街的数据分析师总是诟病开市客的发展策略，觉得在员工身上投这么多钱没有意义，不如削减成本、增加利润、提升股价。华尔街的所谓专家，宁愿以牺牲“为什么”为代价，也要发展“做什么”。德意志银行（Deutsche Bank）的一位分析师告诉《财富》杂志，“开市客对待会员和员工，可比对股东好多了”。

好在，辛内加尔没有被这些分析师影响，一直跟随自己的感觉。他在《20/20》的采访中说：“华尔街只想着从今天到下周二能赚多少钱，而我们是要打造一项能够坚守住的事业，优厚的薪资才能留住优秀的员工。”

通过这些，我们能看出辛内加尔是个激励人心的领导者。更难能可贵的是，他的所说、所做与山姆·沃尔顿几乎如出一辙。沃尔玛也是这样，专注于“为什么”，让自己的“做什么”进一步证明这份初心，才发展成如今的规模。钱从来都不是他们的追求，只是实现愿景的过程中带来的结果。可惜的是，沃尔玛的信仰——它的“为什么”，都在 1992 年 4 月戛然而止。

在山姆·沃尔顿去世后，沃尔玛一心想要提升股价，深陷于虐待员工和顾客的丑闻。它的“为什么”越来越模糊，哪怕有些事情做得很好，也得不到人们的认可。比如，沃尔玛是最早倡导环境保护的大公司之一，倡导减少浪费、鼓励回收利用，但是那些沃尔玛的批评者认为他们这么做动机不纯，只是想要故作姿态。“多年以来，沃尔玛一直想要提升形象，减轻对环境带来的影响。”2008 年 10 月 28 日，《纽约时报》网站的新闻中这么评价，“但它在承诺削减社会成本和环保成本的同时，还一直鼓吹消费主义”。开市客则不一样，它的环保策略提出的时间比沃尔玛晚，却得到了更多的关注。因为人们相信开市客是在用心做这件事。如果人们能够明了你“做什么”的初衷，就更容易接受并认可你的做法，因为这些都是你“为什么”的证明。但是，如果“为什么”不够明确，你不管“做什么”都会让人觉得没有缘由，不可信任。哪怕你做的是好事，没有“为什么”，照样没有人买账。

后来怎么样了呢？沃尔顿刚去世的那段时间，沃尔玛的企业文化倒是没有什么变化。这时候的沃尔玛和开市客在股价方面几乎不相上下，但是没了灵魂人物，沃尔玛在分裂的路上越走越远，而开市客则凭借明确的“为什么”，守护住了初心。这方面的不同让两家公司的差距逐渐拉大。在我写书的这一刻，沃尔玛的股价和创始人离世那天相比，增长了 300%，但开市客的股价却比当初高出了 800%。

开市客的优势在于，它“为什么”的化身辛内加尔还能常伴左右。他的所说、所做都在向所有人强调公司的理念和信仰。秉承对“为什么”的追求，辛内加尔的年薪只有 4.3 万美元，领导着如此成功的公司，这些年薪并不多。在沃尔玛发展的巅峰时期，山姆 · 沃尔顿的年薪也没有高于 3.5 万美元，和他的信仰相辅相成。大卫·格拉斯（David Glass）是山姆·沃尔顿之后沃尔玛首位CEO，他说过："现在那些大公司的CEO，拿着高薪却只考虑自己，高高在上不去体会别人的疾苦，想想就让我难受。这是当今美国商界的一大问题。"

沃尔顿去世后，沃尔玛已经换了三位CEO，每个人都希望能够续写当初的辉煌，但是公司的目标、初衷和信仰却越来越模糊。2009年，迈克尔·杜克（Michael T. Duke）正式出任沃尔玛的首席执行官，成了沃尔玛新的希望。杜克的目标就是找回"为什么"，让沃尔玛重新大放异彩。

与此同时，他给自己开出了543万美元的年薪。

6

探寻“为什么”

第十三章
“为什么”的源头

越战时期的北加利福尼亚州掀起了一股反政府、反权力中心的狂潮。在那里，两个激进的年轻人把政府和企业的权力视为自己的敌人。这并不是因为这两者的规模庞大，而是在他们看来，这些禁锢了自由的精神。在他们的理想世界里，每个人都有一样的话语权。他们幻想有一天，一个人也能对抗当权者，改变那些旧思想，重新定义一切。这两个人每天和有着同样信仰的嬉皮士在一起，他们发现不参加抗议、不从事违法活动，同样也能改变世界。

两个年轻人——史蒂夫·沃兹尼亚克和史蒂夫·乔布斯，正处在这场革命的暴风眼中。当时北加州不仅反抗情绪高涨，电脑革命也在这一时期开始上演。借助新的技术，这两个年轻人找到了自己引领革命的机会。“苹果赋予了个人更多的能量，公司能做的事情，一个人也能做。”沃兹尼亚克曾说，“这是历史上第一次个人取代公司，因为个人有能力使用电脑这项新技术。”沃兹尼亚克参与研发的苹果一代和苹果二代操作简单，普通人也能感受到科技的力量。而乔布斯善于销售，两个人的结合造就了苹果电脑公司。公司的理念十分明确，就是增加个人的力量，发挥每个人的潜力，让那些敢于做梦的理想主义者可以改变现状，取得成功。在苹果公司成立之前，两个人的“为什么”就已经生根、发芽。

1971 年，两个史蒂夫在加利福尼亚大学伯克利分校（University of California，Berkeley）的学生宿舍外，做出了一个叫“蓝盒子”的东西。这个电子设备可以入侵电话系统，允许长途电话接通而不产生额外的费用。那时候还没有苹果公司，但是乔布斯和沃兹尼亚克已经开始挑战行业里的“老大哥”——垄断美国电话通信的贝尔公司和美国电话电报公司（American Telephone & Telegraph Company）。严格意义上讲，蓝盒子是违法的，但是他们并不是想挑战司法，自己也没有使用过这个设备。两个史蒂夫想要做的是赋予个体更多的力量，让大家可以挑战垄断。后来，这也成了苹果的理念。

1976 年 4 月 1 日，他们两个人再次复刻了这个模式。这次他们的目标是电脑界的巨头——蓝色巨人 IBM。在苹果电脑问世之前，需要先写好代码，再转录到穿孔卡片，最后交给放在别处的计算机运行。IBM 针对的群体是各大公司，而苹果则是想给大众做电脑。苹果有着明确目标和严格的行事原则，在扩散定律的指导下，它的成功顺风顺水。苹果刚入行的第一年，在有着同样信仰的人的支持下，卖出了价值 100 万美元的电脑。第二年，销售额达到了 1000 万美元。第三年，苹果已经是坐拥 1 亿美元的公司了。在短短的 6

年里，他们的市值达到了十几亿美元。

1984年，苹果品牌早已家喻户晓。那一年的超级碗直播中更是插播了苹果的麦金塔电脑“1984”的广告。广告导演是曾执导科幻剧情片《银翼杀手》的导演雷德利·斯科特（Ridley Scott）。这则广告也改变了商业广告的进程，从此开启了高经费、大制作、电影效果的广告时代。麦金塔电脑同时也打破传统，对当时私人电脑的主流系统——微软的DOS系统发起挑战。麦金塔是首款面向大众市场使用图形用户界面和鼠标的电脑。人们不用输入代码，“动动鼠标、点点按键”就可以操作。讽刺的是，后来微软借用了苹果的想法，研发出了Windows系统，也就是盖茨版的图形用户界面。不管是苹果引领革命的能力，还是微软发展大众市场的决心，都是两家公司“为什么”的体现，是创始人的信仰和初心。乔布斯喜欢挑战和革新，而盖茨自始至终致力于造福更多的人。

这就是我们熟悉的苹果公司，它一直复刻着自己的模式，在不同领域挑战现状。比如iPod，还有大家都喜欢的iTunes。凭借先进的科技，苹果改变了音乐市场的发展——这个产业一直以来太过执着于保护知识产权和过时的商业模式。他们还忙着起诉制作盗版的13岁孩子时，苹果已经开始重新定义音乐市场。苹果手机的问世，也是对这个模式的完美演绎。在此之前，决定手机功能的不是制造商，而是服务供应商。摩托罗拉、LG、诺基亚等手机品牌都要听命于T-Mobile、Verizon无线公司、Sprint等通信公司。苹果不甘于现状，它研发了苹果手机，自己决定手机有什么功能。值得讽刺的是，当初两个史蒂夫发明蓝盒子挑战的权威，这一次成了苹果的早期采用者。美国电话电报公司是当时唯一接受苹果提议的公司。一场新的革命即将上演。

苹果卓越的革新天赋，源自它明确的“为什么”。哪怕乔布斯离开苹果的那几年也是一样。公司的理念从成立那一天起，就没有改变过。那些墨守成规、安于现状的行业要小心了，可能你就是下一个苹果要改革的目标。如果苹果能一直坚守初心，很快就会进军电视和电影产业。

苹果在行业中的变革不是因为本身的专业技术多么强大。所有的高新技术公司都有自己的人才和资源，完全可以生产出与苹果匹敌的产品。不一样的是，加州库比蒂诺（Cupertino）的那几个理想主义者为这家公司注入了目标、初衷和信仰。乔布斯曾说：“我希望能够改变世界。”带着创始人的“为什么”，苹果公司真的在不同行业中做出了革新和改变。从这个角度上看，苹果“做什么”都一样，都是乔布斯和沃兹尼亚克理念的体现。实际上，所有被苹果吸引的人，不管是苹果的员工还是消费者都有着同样的个性。员工是受到了苹果“为什么”的鼓舞，选择在那里工作。其他人也是因为这个“为什么”，要买苹果的产品。虽然行为不同，初衷却如此一致。那些忠诚的股东只不过是买的东西不同，但他们对品牌的忠诚和认同的理念是一样的。苹果的产品成了这些人身份的一部分。公司外部的死忠粉追随苹果，公司内部的狂热者迷恋乔布斯，他们对苹果有着一样的向往，只不过追随的象征有所不同。之所以说“狂热”，是因为这份信仰深深植根于他们的心间，完全没有理智可言。信仰就是这样，不是吗？乔布斯、苹果公司、狂热的员工和忠诚的消费者，带着对革新的向往，一起推动着这份事业继续向前。

尽管苹果有着明确的“为什么”，也不是所有人都会为之着迷。有人认同这份理念，就会有人不认同；有人追求，也会有人排斥。根据扩散定律，只有 2.5% 的人能够成为创新者——他们敢于相信自己的直觉，做第一个吃西红柿的人。大概因为如此，微软的市场占有率达到了 96%，而苹果只是 2.5%。大多数人还是安于现状、不接受改变的。

很多苹果的员工可能也会认为，公司的成功在于卓越的产品，但是实际上，很多公司都能做出质量相当的产品。尽管苹果员工总是强调他们的东西更好，我们也知道，好还是不好，每个人都有不同的评判标准。对于认同苹果“为什么”的人来说，这些产品再合适不过了。苹果的所说、所做无不体现出他们的“为什么”，这才造就了非同凡响的苹果。苹果公司是如此善于表达自己的信仰，给所有的产品名称前都加上了字母“i”，让我们一下就能区分出来。这个字母不是苹果公司所有，但是这种崇尚个人创新的理念却代表着苹果，它所有的产品、服务和营销都是围绕着这个理念。

“为什么”的追寻

保守派估计法军和英军的比例是 3 : 1，但是很多历史学家认为当时法军是英军的 6 倍。不管事实如何，当时英国国王亨利五世面临的局面不容乐观。1415 年 10 月末，在法国北部的阿金库尔（Agincourt），亨利五世率军准备好了要迎战人数众多的法国军队。他们的问题还不只这些。

英军已经出征了将近三周，沿途跋涉 250 多英里，大约 40% 的人因为疾病倒在了路上。而法国军队截然相反，他们精神饱满、士气正高。这些训练有素、骁勇善战的法国士兵摩拳擦掌，已经等不及给英军点儿颜色看看，好一雪前耻，把之前几次打仗失去的尊严夺回来。更重要的是，法国军队武器精良，英军的铠甲早就破烂不堪。话说回来，他们本来的装备在法军坚实的铠甲前也不值一提，但是懂历史的人都知道，在阿金库尔战役（Battle of Agincourt）中，硬件条件差到极点的英军居然打败了法国。

当时的英国掌握一门致命的技术——长弓，这能够扭转战局，并引发一系列连锁反应，最终导致法国大败。英国的长弓射程很远，在战场的一边就可以向敌军进攻，不用冲锋上阵，也不用穿坚实的铠甲。英军直接朝山谷下的法军射箭，就能让他们损伤惨重。但是让箭如此有力的，不是这项技术，也不是长弓的射程。箭只不过是把木头的一端削尖，另一端插上羽毛。单就杀伤力而言，它绝对比不上铁剑，更无法刺透铠甲。凭借弓箭就想打败经验丰富、训练有素、人数众多、装备精良的法国军队，需要先让箭获得动力。只有朝着目标快速射出，箭的威力才能彰显出来。讲到这你可能觉得奇怪，阿金库尔战役和我们的“为什么”有什么关系？

射箭之前，必须把箭往后拉，朝着目标瞄准。“为什么”的力量也是由此而来。看着前方想象自己要得到什么，然后制定相应的策略，并不能帮我们找到自己的“为什么”。市场调研、数据收集，采访员工和顾客帮助也不大，想找到“为什么”，就要换个方向。因为这是一个追寻的过程，而不是从无到有想出来的。

苹果的“为什么”，源自20世纪60年代到70年代的反抗热潮，我们的“为什么”也是一样，是从过去到现在，一步一步发展而来的。“为什么”源自一个人或者组织成长的经历。我们都有自己的“为什么”。千万别忘了，任何公司都是创始人在“为什么”的驱使下，选择的“做什么”，公司的成立恰恰是他们初心的证明。

那些激励人心的公司、机构或者团体，都是一个或者几个创始人朝着更崇高的愿景做出的努力。有意思的是，要想达到目标，最难的不是找到明确的“为什么”，而是能坚持自己的行事原则，跟随自己的内心，守护住最初的目标、初衷和信仰。保持“为什么”和“做什么”的平衡，才是最难的部分。因此，重要的是构建出自己的大喇叭，而不是打造一家公司，只有做到这些的少数人，才能拥有激励的力量。这种力量能感召更多人，威力超乎我们的想象。因此，要想了解一家公司的“为什么”，明白社会运动缘起何方，都要从一个地方开始：那就是你自己。

我的失败

2005 年 9 月到 12 月，是我人生中难以忘却的 3 个月，也是我坠落谷底的 3 个月。

2002 年 2 月，我带着激动的心情，创办了自己的公司。正如爷爷所说，我总是精神饱满、活力四射。从小我就希望有一天能开一家公司。我的梦终于实现了，这给了我极大的满足感——放手一搏，居然成功了，这种感觉太好了。每当有人问我做什么工作，我都会像乔治·李维（George Reeves）扮演的超人一样，双手放到屁股上，挺起胸膛，双腿分开站好，然后昂起头自豪地宣布："我是一名创业者。"这就是我对自己的定义，让我找到了极大的满足。我感觉自己不是在模仿超人，我就是超人。

任何创业者都知道，开公司就像一场奇怪的竞赛。大概 90% 的新公司会在 3 年之内倒闭——这个数字总是在我的脑海里回荡。只要是稍微有点儿竞争意识，为自己成为创业者而自豪的人（双手放到屁股上，挺起胸膛，双腿分开站好），都不会被这个数字吓到。相反，我们会因为这个燃起更多的斗志。如此天真，以为自己卓越超群，绝对能成为少部分成功者，也是创业者的一大特点。这时候的我们满腔热血，毫无理性可言。

公司成立一年之际，我们开了庆功会，庆祝自己挺了下来。我们的梦想实现了，又过了两年、我们走过了最艰难的3年。到现在我也不是特别清楚，到底怎么做到的——公司一直没有特别完善的系统和流程。但这又有什么关系呢？我们战胜了失败的概率，坚持了下来，这才是最重要的。现在，有数据为证，我真的成了这一小部分中的一分子，是美国一家小企业的老板。

公司成立的第四年，感觉完全不一样了。创业者的新鲜感渐渐退去，说到自己做什么，我也不去模仿乔治·李维的姿势了，只是告诉别人，“我从事运营定位和运营策略咨询”。我已经不像之前那么兴奋，也不觉得这是一场竞赛。激情退去，只剩下生意需要打理。可现实并不是一路坦途。

我们的生意一直不温不火，能够糊口，却没赚过大钱。我们的客户有一些是《财富》杂志的500强，这足以证明我们的工作干得不错。我明确知道自己要“做什么”，也能说出公司的不同之处——“怎么做”的方法不一样。和大多数公司一样，我们总是希望从“怎么做”的角度说服客户，告诉他们我们的方法独特，能做得更好……但是实际上，我们之所以能战胜那90%公司，并不是因为我的商业才能，而是源自当初的激情和活力。可惜的是，这股激情不可能一直延续。我自己也明白，要想让公司继续运营，我们需要更好的系统和流程。

那段时间，我意志消沉。理智上知道要怎么做，但就是精神不起来。2005年9月的时候，我几乎真的抑郁了。无忧无虑的我没了往日的快乐，但这还不是最糟糕的。

抑郁让我变得疑神疑鬼，总觉得公司要倒闭了，而我自己也要被从公寓里赶出去了。我还十分肯定员工都不喜欢我，客户也把我当骗子。认定遇到的所有人都比我聪明、比我好。我无心顾及公司，用仅剩的精力强打精神让自己支撑下去，佯装一切都好。

我明白要想改变这种情况，必须在一切都土崩瓦解之前，引入新的结构和系统。为此，我听了很多讲座、看了很多书，还找那些成功的朋友想听听他们的建议。大家的建议都很好，可是我怎么也听不进去。不管别人说什么，我满脑子想的都是自己搞砸了。问题没有解决，我反而感觉更糟糕了。我越来越无助、越来越绝望，甚至想去找份工作。对于一个创业者来说，这种想法比想要自杀还可怕。我愿意尝试任何事情，什么都可以，只要能让我摆脱这种感觉。

那一年的感恩节，我去未来的大舅子家做客。在他妈妈的房子里，大家都和坐在沙发上的我聊天，但是我却一直心不在焉。有人问我问题，我就随便敷衍过去。我甚至连交流的能力和欲望都没有了。战胜了概率和数字的我，还是失败了。

我大学主修人类学，毕业后一直从事营销和广告方面的咨询工作。因此，我一直对人们做事情的动机很感兴趣。在职业生涯的初期，我更是把这个主题带到了自己的现实生活——公司的营销方式之中。在营销行业里有一句老话，50% 的营销方式都有用。问题在于，哪些属于这 50% ？曾经的我总是在想，为什么有那么多的公司明明不知道哪种方法好，还是执意在营销上投入大量的资本？

毕竟，这概率和扔硬币没什么区别。我相信，那些行之有效的营销策略，肯定有成功的原因。

所有资质相当的公司都能找到同样的营销代理，雇用到差不多水平的人才，使用同一级别的媒体，但是为什么有的有效果，有的却没有呢？我曾在一家广告公司工作过，这种事情每天都在发生。基本条件都差不多的情况下，同一个小组今年的方案就能取得成功，明年的却可能石沉大海、毫无水花。相比那些失败的案例，我更专注于成功案例，想找到其中的共同点。好在能够成功的并不多，我的任务量也不大。

为什么苹果总能打败竞争者，一次又一次复刻自己的成功？哈雷摩托到底有什么不同，让那么多人为之疯狂，甚至愿意在身上文哈雷的标志？为什么人们都喜欢西南航空？他们也没有什么不一样……不是吗？为了搞明白其中的原因，我发明了一个简单的概念——黄金圈法则，但是这个小小的研究项目，一直静静地待在我的电脑里。这只是我自己的小研究，纯属个人感兴趣，没有真正实际运用过。

过了好几个月，我在一次活动中认识了一位对我的营销观念感兴趣的女士——维多利亚·达菲·霍珀（Victoria Duffy Hopper）。她出生于一个学术氛围浓厚的家庭，和我一样对人类的行为着迷。同时，也是她让我了解到边缘系统和新皮质的概念。这让我更加着迷，开始阅读关于大脑结构的书。我的研究这才有了真正的突破。

人类的行为和黄金圈几乎完全重合。在研究什么样的营销策略更有效的过程中，我有了更重大的发现，就是为什么人们会有特定的行为。直到那时，我才找到自己压力的真正原因。我知道要“怎么做”“做什么”，但是却忘记了自己的“为什么”，这才是一切的症结所在。这就是我的分裂期，要平稳度过这个阶段，我必须重新找回自己的初心。

激励人心

亨利·福特曾说过：“不管你觉得自己可以，还是觉得自己不行，你都是对的。”亨利是典型的“为什么”类型，他具备一个伟大领导者的性格特征，也明白理念的重要性，最终也改变了行业的发展。说起来，从成立公司到现在，我没有变得更笨，应该是更聪明了才对。但是，我却弄丢了自己的理念。只知道要“做什么”，却忘了自己的“为什么”。闭着眼往前跑和睁开眼往前跑的感觉，是完全不一样的。在最开始的那 3 年，我就好像一直闭着眼睛。尽管充满激情和活力，却找不到正确的方向和目标。要改变这一切，必须找回激情之下的“为什么”。

我对“为什么”的概念越来越着迷。每天满脑子想的都是这些，口中说的也都是这些。回忆自己的成长过程，我发现了自己一直以来的主题。不管是和朋友相处、在学校还是后来工作，我都是最乐观的那个人，永远都在激励大家相信自己，勇于追求。这个模式就是我的“为什么”，去激励大家就是我的激情所在。做营销还是做咨询、和什么公司合作、从事什么行业都没有关系，只要能激励人们找回激情，我们就能一起改变世界，而这也是我生活和工作的全部。要是亨利·福特知道了，也会对我竖大拇指。经历了几个月的自我否定之后，我终于相信我能行。

在研究中，我把自己当实验的小白鼠。如果我感觉自己跌入谷底是因为黄金圈失衡，那么就必须找回“为什么”，让自己的“做什么”都从“为什么”开始。书中的每个概念，我都自己试验过。我也用大喇叭向所有愿意听的人讲述我的“为什么”。那些早期采用者接受了我的理念，愿意在我的帮助下，实现他们的愿景。与此同时，他们也会向别人推荐我，希望我能激励更多人。扩散定律越来越有成效。

黄金圈法则和找回“为什么”的方法非常适合我，但是我还想搞清楚这是不是适合所有人。到了要做决定的时候，我是申请专利保护自己的知识产权，同时靠这个法则赚一笔钱，还是把它和大家分享？这个决定也是我的芹菜测试。我的“为什么”是激励人们找回激情，跟随内心去做能让他们有激情的事情。要忠于自己的理念，我只有一个选择——和所有人分享黄金圈法则，让更多人了解它、运用它。我没有任何秘诀，所有的一切都已经告诉了大家。因为我的愿景就是能让所有人、所有的公司找到自己的“为什么”，并从中有所收获。这就是我的事业，我忠于自己的初心，在黄金圈法则的帮助下，我一次又一次重复着自己的模式。

我的实验渐渐有了效果。在没有找回“为什么”之前，我只收到过一次演讲邀请。现在每年我都收到三四十次的邀请，去不同的地方、面对不同的听众，讲授神奇的黄金圈法则。来听演讲的有创业者，还有来自大公司、非营利性机构、政界人员。我曾去过五角大楼，和美国空军部部长以及参谋长分享我的心得。在找到“为什么”之前，我从来没有上过电视。但是这两年，我定期去微软全国广播公司（MSNBC）录制节目。而且，我之前没有和任何政府人员打过交道，现在却能和议员们一起工作。

我还是之前的我，懂的知识也没有变多。唯一不同的是，现在的我都会从“为什么”开始。戈登·贝休恩凭借同样的人员和设备，扭转了大陆航空的状况。现在的我也和他一样，凭借一样的资源，改变了自己的颓废。

和大家比起来，我没有多么好的人脉，也没有多高的职业素养，没上过常青藤大学，成绩也一直很普通。最有意思的是，我到现在还搞不清楚怎么开公司，但是我却掌握了很多人做不到的一点，我会从“为什么”开始。

第十四章
用全新的眼光看待竞争

追随自己的“为什么”，别人也会追随你

“砰！”随着一声枪响，比赛开始了，选手们如离弦的箭一般穿过场地。这里前一天刚下过雨，地面还有点儿潮湿。天气凉爽，十分适合跑步。所有的选手很快聚到一起，就像鱼群一样成了一个整体。大家统一行动，找到了一致的步伐，以便为接下来的比赛保留体力。赛跑比赛通常都是这样，慢慢地，体力好的人冲到了前面，差一点儿的人则跟不上队伍落到了后面。但是本·科门（Ben Comen）不同，他从比赛枪响的时候，就被落在了后面。他跑得不快，可以说是最慢的一个。自从加入了汉娜高中的越野长跑队，他一次都没有赢过，而且我们可以看出来，本患有脑瘫。

脑瘫是出生前到出生后一个月内脑发育早期由于多种原因导致的脑损伤，表现为运动障碍或者四肢动作不协调。脑瘫的症状会伴随患者一生。变形的脊椎导致身体扭曲，肌肉萎缩，运动反应慢，僵硬的肌肉和关节也会影响肢体平衡。患有脑瘫的人往往走路姿势

异常，膝关节屈曲畸形。在外人看来，他们的动作十分笨拙。

大队伍越跑越远，本被落下的越来越多。他在潮湿的草地上滑了一跤，摔倒在松软的泥土上。本慢慢站了起来，继续向前跑。没过多久本再次摔倒，这次摔得不轻，但是他仍然没有放弃，而是继续比赛。大队伍已经看不见了，只剩下本自己在后面。周围一片寂静，他甚至能听到自己喘着粗气。本感觉很孤单，他又摔倒了，但仍然爬起来继续跑。不管本有多么坚强，伤痛和挫败感还是都写在了他的脸上。他铆足了劲儿向前跑，脸因为痛苦而变得扭曲。对本来说，这都是常事。大家都能在 25 分钟内跑完，而本则要花 45 分钟以上。

跑过终点线的时候，本已经全身是伤、筋疲力尽，他用尽全力才坚持了下来。他的身上青一块紫一块的，有的地方还流血了，而且全身都是泥。本的精神的确非常激励人心。可我讲这个故事，不是想说“面对人生的困难，要勇敢向前”，也不是要告诉大家“在哪里跌倒就在哪里爬起来”。毋庸置疑，这些都是非常重要的人生道理，但是我们不需要从本·科门身上学习这些。很多人都告诉了我们这样的道理，比如那些几个月前刚受过伤，但还是坚持参加奥运会争夺奖牌的运动健儿。本的事迹，有着更深远的意义。

比赛进行到 25 分钟后，会发生一件神奇的事情。这时候大家都已经跑完了，但是他们会回到赛道上，和本一起继续向前奔跑。本摔倒了，会有队友把他扶起来。本冲过终点线，后面还有百十来人跟他一起。这些特殊待遇，都是别人没有的。

本教给我们一个特别的道理。当你和别人竞争的时候，没有人愿意帮助你，但是当你和自己竞争的时候，所有人都会来帮你。奥运赛场上的健儿不会互相帮助，他们之间是竞争对手的关系。本则不同，他开始每场比赛之前，都知道自己的“为什么”。他不是来和大家赛跑的，而是来挑战自己的，本从来没有忘记这一点。正是由于这个“为什么”，他才在一次次跌倒之后都爬了起来，继续向前跑，从来都没有放弃。每天本都会和大家一起赛跑，但是他的对手自始至终都是他自己。

再来看看我们是怎么经营公司的。我们总是想着和别人竞争，誓要比别人做得更好。我们追求更好的质量、更完善的功能和更到位的服务，总想着和别人比。这个时候的我们没有任何人的帮助。那么，如果我们每天上班的时候，是为了成为更好的自己呢？如果我们工作的目标是让自己这周比上周表现更好，或者这个月比上个月表现更好呢？不去想别人，只是为了让公司变得更好，带着这样的初心，会有什么不一样？

所有的公司都是建立在“为什么”的基础上，但是只有少部分能做到年复一年，不忘初心。那些忘记了自己“为什么”的人，就好比每天去参加赛跑，但是一心只想着超过别人，却没有想过要成为更好的自己。对于忘却了“为什么”的人来说，他们赛跑的目标就是赢得奖牌，打败其他人。

试想一下，如果下次再有人问你：“你的竞争对手是谁？”你回答：“我也不知道。”而对方继续不依不饶：“你哪方面比对手好呢？”你回答：“我们不是哪里都是最好的。”对方接着问：“那我们为什么要与你合作？”你自信地告诉他：“因为我们现在做得比6个月之前要好，而再过6个月我们能做得更好，因为我们每天醒来都知道自己‘为什么’工作。我们的目标是激励大众，让人们都能找到自己的激情所在。到底谁更好一些呢？如果你和我们有着同样的信仰，也相信我们能帮到你，那自然是我们更好。如果你和我们信仰不同，也不觉得我们能帮到你，那我们明显不如别人。我们希望能找到有同样理念和信仰的客户，然后一起朝着成功去努力。我们的目标是找到一起肩并肩追梦的人，而不是隔着谈判桌，签下收益还不错的一张合同。要实现我们的愿景，我们将会……”然后再详细展开你的“怎么做”和“做什么”。只不过这一次，你是从“为什么”开始。

想想看，如果所有的公司都能从“为什么”开始，决策也能变得简单很多。与此同时，大家都能收获更多忠诚的客户和更多的信任。如果所有的领导者都能谨记从“为什么”开始，积极向上的风气就能成为主流，创新的精神也会有更多硕果。正如书中所讲，不管你的公司规模是大是小、属于哪一领域、生产什么商品、提供什么服务，只要大家都能坚持从“为什么”开始，同时激励身边的人不忘初心，我们就可以一起改变世界。

还有什么比这个更激励人心？

如果这本书激励了你，请把它推荐给你想激励的人，把这份“为什么”传递下去。

致谢

让我最开心的事情，莫过于每天带着自己的“为什么”开启新的一天——然后激励人们找回激情，去做想做的事情。身边有这么多人启发着我、感染着我，才让一切变得顺风顺水。

我能走到今天，离不开大家的信任和帮助。在此，衷心感谢帮助我构建大喇叭的每一个人。艾米·赫兹（Amy Hertz）是第一个鼓励我把自己的理念写出来的人，她还介绍我认识了出色的经纪人理查德·派因（Richard Pine）。理查德认为我们都应该多做好事，一直以来，他都致力于帮助那些思想积极的作者，让正能量可以传递下去。他的耐心和建议对我来说弥足珍贵。感谢善良的拉斯·埃德尔曼（Russ Edelman）把我介绍给他的编辑杰弗里·克拉梅斯（Jeffrey Krames）。感谢克拉梅斯对我的肯定，忍受并接纳新的工作方式。感谢勇于挑战传统的阿德里安·扎克海姆（Adrian Zackheim），引领出版业开始了新的革命。

感谢马克·鲁宾（Mark Rubin），他认同我的愿景，让我能在他的地下室里开始这本书的写作。感谢汤姆和艾丽西亚·瑞普玛夫妇（Alicia Rypma），让我能在他们家里继续写作。感谢达美航空公司（Delta Air Lines）让我能在35000英尺的高空写下这么多内容。感谢茱莉亚·赫尔（Julia Hurley）把一切都安排得井井有条。感谢企鹅英国旗下Portfolio出版社团队中的每一个人，这本书的出版离不开你们的努力。还有我最想感谢的人劳瑞·弗林（Laurie Flynn），谢谢你对这本书的所有付出，我才能讲述自己的故事。

感谢生命中激励我的人，你们是我难以衡量的财富。罗恩·布鲁德让我对世界有了全新的认识。洛里·罗宾逊让我领会到真正领导者谦逊的品质。金·哈里森（Kim Harrison）一直忠于自己的“为什么”，努力发现生活中的美好，她不知疲倦地工作，确保好的想法和人才能得到赏识，是她让我体会到有个完美搭档是什么样的感觉。还有那些愿意分享，帮助我实现“为什么”的所有人，感谢你们付出的时间和精力：科琳·巴雷特（Colleen Barrett）、戈登·贝休恩、本·科门、兰迪·福勒、克里斯蒂娜·哈布里奇、德怀恩·霍诺尔、霍华德·耶鲁希莫维茨、盖伊·川崎（Guy Kawasaki）、霍华德·普特南、詹姆士·托宾、阿莱西奥·萨拉蒂、杰夫·森普特、科尔伯特巡洋舰威尔斯巴赫上校（Col. “Cruiser” Wilsbach），还有史蒂夫·沃兹尼亚克。

我还没有开始构思这本书的时候，就已经有早期采用者愿意学习黄金圈法则，去追寻内心的“为什么”，给自己的公司筑梦。这些敢于创新的人总是能拥抱新的观点，也帮助我厘清了思路，完善了更多的细节，才有了今天的理念。感谢杰弗里·季科夫斯基（Geoffrey Dzikowski）、让·波德莫尔（Jenn Podmore）、保罗·盖伊（Paul Guy）、卡尔·沙阿（Kai Shah）、维克托·德·奥维利亚（Victor DeOliveria）、本·罗斯内（Ben Rosner）、克里斯托弗·贝茨（Christopher Bates）、维克托·尚（Victor Chan）、肯·塔巴什尼克（Ken Tabachnick）、理查德·巴尔的摩（Richard Baltimore）、里克·齐默尔曼（Rick Zimmerman）、拉斯·纳托斯（Russ Natoce）、米西·肖里（Missy Shorey）、莫里斯·斯坦普（Morris Stemp）、盖布·所罗门（Gabe Solomon）、埃迪·埃谢什（Eddie Esses），还有伊丽莎白·黑尔（Elizabeth Hare），她认可"为什么"在构建家庭中的价值，家也是她最为珍贵的组织。感谢弗兰·彼得曼·格罗斯（Fran Biderman Gross），她不仅是早期采用者，还把"为什么"带进了自己生活的方方面面，同时鼓励大家能找到自己的"为什么"。感谢议员史蒂夫妮·赫塞斯·桑德林（Stephanie Herseth Sandlin）、保罗·霍兹（Paul Hodes）以及阿莉森·施瓦茨（Allyson Schwartz），他们教会了我很多，还一直保持激情服务大众。

这么多年来，总有人温暖我的心，帮助我能更进一步。感谢哥伦比亚大学专业研究学院战略沟通项目（这是一个超级棒的项目）的主任鲁迪·鲍德温（Trudi Baldwin），信任我的吉姆·贝里恩（Jim Berrien）。感谢教会我很多，总是活力满满的杰克·戴利（Jack Daly）。感谢皮尔斯·福克斯（Piers Fawkes）和一直鼓励我前进的丹尼斯·格伦农（Denis Glennon）。感谢凯文·戈茨（Kevin

Goetz)、托尼·戈梅斯(Tony Gomes)和不计任何回报，帮我开启职业生涯的保罗·冈比纳(Paul Gumbinner)。感谢肯尼思·海因(Kenneth Hein)和教会我自立自强的彼得·因特马乔(Peter Intermaggio)。感谢帕梅拉·莫法特(Pamela Moffat)和一直帮助我的里克·萨皮奥(Rick Sapio)。感谢阿兰娜·温特(Alana Winter)，以及鼓励我跟听众分享观点的马特·韦斯(Matt Weiss)。感谢从一开始就支持我的迪德里克·沃博尔德(Diederik Werdmolder)。

我还想借这个机会，感谢在美国空军中的卓越人才，他们敢为人先的精神，体现出了美国空军的初心：找到更好的方法，把这个方法传递下去。感谢率先把我介绍给空军的欧文·莱赛尔少将(Erwin Lessel)，还有威廉·钱伯斯少将(William Chambers)、沃尔特·吉文汉准将(Walter Givhan)、信念坚定的达什·贾米森准将(Dash Jamieson)、达伦·迈克迪尤少将(Darren McDew)、知识渊博的候选准将马丁·纽鲍尔(Martin Neubauer)、克丽丝蒂·诺尔塔(Christy Nolta)、珍妮特·瑟里奥特(Janet Therianos)，以及德德·哈夫希尔中校(Dede Halfhill)。衷心感谢这些才华横溢的人，他们的直言不讳犹如醍醐灌顶，我才能研究出黄金圈法则和书中的内容。感谢2005年带我走出低谷的肯德拉·科佩(Kendra Coppey)。感谢为我指明方向的马克·利维(Mark Levy)。感谢彼得·怀布罗(Peter Whybrow)，你发现了美国的问题，并让我明白了其中的神经科学原理。柯特·颜(Kirt Gunn)，你精彩的故事启发了我，让我想到了分裂期的概念。感谢布赖恩·柯林斯(Brian

Collins）的聊天，每一次和你聊天我总能学到新的东西。感谢鼓励我勇于追寻梦想的乔莱利·拉克索（Jorelle Laakso）。感谢威廉·尤里（William Ury），是你带着我开始这一行。感谢戴维·德普图拉中将（David Deptula），你大概是我认识的最聪明的人，也打开了我的思路，让我知道那些复杂的问题总有更好的解决办法。

如果没有你们的建议、帮助和支持，我就不能真正明白“为什么”的含义。感谢尼克·阿斯丘（Nic Askew）、理查德·巴尔的摩（Richard Baltimore）、克里斯托弗·贝内特（Christopher Bennett）、克里斯蒂娜·贝茨（Christine Betts）、阿丽亚娜·德·邦沃罗（Ariane de Bonvoisin）、斯科特·伯恩斯坦（Scott Bornstein）、托尼·康扎（Tony Conza）、维姆·达加尔（Vimal Duggal）、道格拉斯·菲尔斯丁（Douglas Fiersetin）、内森·弗兰克尔（Nathan Frankel）、吉南·格拉斯哥（JiNan Glasgow）、卡梅隆·赫罗尔德（Cameron Herold）、约翰·希特尔（John Hittler）、莫里斯·卡斯皮（Maurice Kaspy）、彼得·洛特（Peter Laughter）、凯文·兰利（Kevin Langley）、尼基·莱蒙（Niki Lemon）、赛思·劳埃德（Seth Lloyd）、布鲁斯·洛（Bruce Lowe）、科里·卢克（Cory Luker）、卡尔和阿吉·马略里夫妇（Karl and Agi Mallory）、彼得·马丁斯（Peter Martins）、布拉德·梅尔策（Brad Meltzer）、内尔·梅利诺（Nell Merlino）、艾丽·米勒（A lly Miller）、杰夫·摩根（Jeff Morgan）、艾伦·雷默（Alan Remer）、帕梅拉和尼克·罗迪蒂夫妇（Pamela and Nick Roditi）、埃伦·罗尔

（Ellen Rohr）、兰斯·普拉特（Lance Platt）、杰夫·罗思坦（Jeff Rothstein）、布赖恩·斯丘达莫尔（Brian Scudamore）、安迪·西格尔（Andy Siegel）、约翰·斯特普尔顿（John Stepleton）、鲁迪·维达尔（Rudy Vidal）。感谢2007年和2008年巨人峰会的所有人。

感谢我已故的祖父伊姆莱·克拉贝尔（Imre Klaber），是他让我明白与众不同也没有关系，独特的个性可以很有意思。感谢我的父母史蒂夫和苏珊斯涅克，你们总是鼓励我追随自己的内心。感谢我与众不同、优秀卓越的妹妹萨拉，你总能欣赏我的奇思妙想，也尊重我的脚踏实地。

这些年来，很多作者和他们的著作都激励着我，让我有了新的想法、新的认识。包括肯·布兰查德（Ken Blanchard）、汤姆·弗兰德曼（Tom Friedman）以及塞思·戈丁（Seth Godin）的作品，奥瑞·布莱福曼（Ori Brafman）和罗德·贝克斯特朗（Rod Beckstrom）合著的《海星和蜘蛛》（*The Starfish and the Spider*），马库斯·白金汉（Marcus Buckingham）的《首先，打破一切常规》（*First，Break All The Rules*），吉姆·格林斯（Jim Collins）的《从优秀到卓越》（*Good to Great*），史蒂夫·柯维（Stephen Covey）的《高效能人士的七个习惯》（*7 Habits of Highly Effective People*），蒂莫西·费里斯（Tim Ferriss）的《每周工作4小时》（*4-Hour Workweek*），基思·法拉奇（Keith Ferrazzi）的《别独自用餐》（*Never Eat Alone*），迈克尔·格伯（Michael E. Gerber）的《创业神话》（*E-Myth*）系列，马尔科

姆·格拉德威尔（Malcolm Gladwell）的《引爆点》（*The Tipping Point*）和《异类》（*Outliers*），詹姆斯·格雷克（James Gleick）的《混沌》（*Chaos*），丹尼尔·戈尔曼（Daniel Goleman）的《情商》（*Emotional Intelligence*），奇普·希思（Chip Heath）和丹·希思（Dan Heath）的《让创意更有黏性》（*Made to Stick*），医学博士斯宾塞·约翰逊（Spencer Johnson）的《谁动了我的奶酪》（*Who Moved My Cheese*），科米萨和兰迪·林内贝克（Randy Komisar）的《僧侣与谜语》（*he Monk and the Riddle*），帕特里克·兰西奥尼（Patrick Lencioni）的《团队协作的五大障碍》（*The Five Dysfunctions of a Team*），史蒂夫·列维特（Steven D.Levitt）和史蒂夫·都伯纳（Stephen J.Dubner）合著的《魔鬼经济学》（*Freakonomics*），斯蒂夫·伦丁（Stephen Lundin）、哈里·保罗（Harry Paul）、约翰·克里斯坦森（John Christensen）合著的《鱼：一种激发工作热情的绝妙方法》（*Fish：A Remarkable Way to Boost Morale and Improve Results*），理查·雷斯塔克（Richard Restack）的《赤裸的大脑》（*The Naked Brain*），马丁·塞利格曼（Martin Seligman）的《真实的幸福》（*Authentic Happiness*），詹姆斯·索罗维基（James Surowiecki）的《群体的智慧》（*The Wisdom of Crowds*），尼古拉斯·塔勒布（Nichol as Taleb）的《黑天鹅》（*The Black Swan*），医学博士彼得·怀布罗（Peter Whybrow）的《美国式狂热》（*American Mania*），还有最重要的一本书，每个人都应该读一读，它就是维克多·弗兰克尔（Viktor Frankel）的《追寻生命的意义》（*Man’s Search for Meaning*），这本书告诉我们虽然不能控制外部的世界，但却可以控制自己的

心态。

我还特别想感谢所有加入这项事业，一起努力激励大众的人。感谢你们给我发的邮件和留言，我会把它们一一珍藏，时刻提醒自己只有大家一起肩并肩、手牵手，才能让“为什么”的力量发挥到极致。

最后，感谢耐心读到这里的你。谢谢你把这份力量传递下去，让身边的人也能感受到鼓舞和激励。我相信，如果大家都能找到自己的“为什么”，一起从“为什么”开始，我们一定能改变世界。

图书在版编目（CIP）数据

黄金圈法则 /（美）西蒙・斯涅克著；石若琳译
. -- 北京：九州出版社，2023.10（2025.6 重印）
ISBN 978-7-5225-2151-0
Ⅰ. ①黄… Ⅱ. ①西…②石… Ⅲ. 管理学 Ⅳ.
① C93

中国国家版本馆 CIP 数据核字（2023）第 194145 号

版权登记号：图字 01-2023-5674

黄金圈法则

作　　者　[美] 西蒙・斯涅克　著　石若琳　译
责任编辑　周红斌
出版发行　九州出版社
地　　址　北京市西城区阜外大街甲 35 号（100037）
发行电话　（010）68992190/3/5/6
网　　址　www.jiuzhoupress.com
印　　刷　文畅阁印刷有限公司
开　　本　880 毫米 × 1230 毫米　32 开
印　　张　9.25
字　　数　189 千字
版　　次　2024 年 1 月第 1 版
印　　次　2025 年 6 月第 6 次印刷
书　　号　ISBN 978-7-5225-2151-0
定　　价　78.00 元